PHILOSOPHY

人民日报学术文库

个人账户养老金财务问题研究

江 涛｜著

人民日报出版社

北 京

图书在版编目（CIP）数据

个人账户养老金财务问题研究／江涛著 . —北京：
人民日报出版社，2022.1
　ISBN 978 - 7 - 5115 - 7168 - 7

　Ⅰ.①个… Ⅱ.①江… Ⅲ.①养老金—个人账户—研
究—中国 Ⅳ.①F842.612

中国版本图书馆 CIP 数据核字（2021）第 216212 号

书　　　名：个人账户养老金财务问题研究
　　　　　　GEREN ZHANGHU YANGLAOJIN CAIWU WENTI YANJIU
作　　　者：江　涛

出 版 人：刘华新
责任编辑：蒋菊平　李　安

出版发行：人民日报出版社
社　　　址：北京金台西路 2 号
邮政编码：100733
发行热线：（010）65369509　65369527　65369846　65369512
邮购热线：（010）65369530　65363527
编辑热线：（010）65369528
网　　　址：www. peopledailypress. com
经　　　销：新华书店
印　　　刷：三河市华东印刷有限公司
法律顾问：北京科宇律师事务所　010 - 83622312

开　　　本：710mm×1000mm　1/16
字　　　数：150 千字
印　　　张：13
版次印次：2022 年 4 月第 1 版　　2022 年 4 月第 1 次印刷

书　　　号：ISBN 978 - 7 - 5115 - 7168 - 7
定　　　价：85.00 元

摘　要

　　20世纪70年代，由于经济增长速度放缓和人口老龄化问题加重，各国纷纷对原有的现收现付制的养老金体制进行了调整与改革。目前世界范围内，德国的俾斯麦模式、苏联的国家保险模式①、英国的福利国家模式、新加坡的中央公积金制模式、智利的个人储蓄养老账户制模式等多种模式并存。80年代，中国政府也在养老金领域尝试着改革，并建立了具有中国特色的"统账结合"的基本养老保险制度，但问题很多。例如隐性负债责任主体不明、对人口老龄化问题重视不足、养老金个人账户空转、养老保险覆盖率难以扩大、个人账户养老金增值能力有限等。此外，我国的基本养老金包括社会统筹和个人账户两个部分，其二者在性质、功能、目标及运营模式等方面的不同，实际上形成了泾渭分明的两个层次。但在实践操作中，它们由人力资源和社会保障部实行"混账"管理，这也是导致养老金领域出现诸多问题的一个体制性原因。本书主要针对养老保险制度的发展历程和个人账户养老金属性、目标、监管体系及其筹资、投资、分配及腐败治理等财务方面的问题进行

----

　　①　此处指苏联时期的国家保险模式。

1

探讨，其主要内容与观点如下。

第一章是养老保险制度的发展历程和现实选择。在本章中，笔者首先比较分析了中外养老保险制度的发展历程，并对我国目前"统账结合"的基本养老保险制度中存在的问题进行了总结，即隐性负债问题、人口老龄化问题、个人账户空转问题、保值增值问题、企业的缴费率问题、养老金的覆盖面问题、替代率问题等。在此基础上，从制度层面阐释了养老金的再分配与储蓄两大功能。笔者指出，在再分配方面，要处理好公平与效率的关系，坚持"公平优先、兼顾效率"的原则；在储蓄方面，要处理好储蓄与投资的关系，并重点关注储蓄向投资的转化路径与养老金的保值问题。在该章的最后，笔者对中国养老保险制度的现实选择提出相应的建议，即处理好养老金体系中各个层次的关系、构建合理的管理与运营主体、妥善处理隐形债务问题。

第二章是个人账户养老金的属性、职能、目标与主体分析。在属性分析中，笔者借鉴郭复初教授的国家财务论观点，指出基本养老金具有双重属性，其中统筹部分是财政属性，而个人账户部分是财务属性，属于国家财务本金的范畴，并在此基础上提出了基本养老金的本金与基金分流的论点。在职能分析中，笔者指出个人账户养老金管理具有筹资、调节、分配与监控四个方面的财务职能。在目标分析中，笔者认为个人账户养老金管理的目标是在提高退休人员生活水平的基础上实现个人账户养老金与资本市场的互动、与国有经济的双赢。在主体分析中，笔者认为个人账户养老金的主体包括管理主体、运营主体、监控主体三类。在管理主体方面，笔者分析了人力资源和社会保障部、社保基金理事会作为管理主体可能产生的系列问题，并指出个人账户养老金的财务属性和国有资产监督管理委员会的职能决定了国资委承担管理职能的必然性；在运营主体方面，由于个人账户养老金的投资对象包括资本市场和国有企业两类，因此在具体运营中，应该由国资委委托合格基金公司和下属投资公司作为个人账户养老金的运营主体；在监控主体方面，笔者指出应该构建以立法监控为基础，财务监控为核心，行政监控及其他监控为补充的监控体系。

第三章是个人账户养老金的筹资与分配问题研究。在筹资与分配的模式方面，养老金有两种分类方法：一是从财务平衡角度分为现收现付制、完全累积制和部分累积制；二是从收付机制角度分为给付确定制和缴费确定制。在筹资与分配的管理方式方面，养老金筹集方式分为个人储蓄账户、缴税制和缴费制三种，分配管理中主要包括支付条件、支付标准和支付方式三个方面。笔者在对以上分类进行比较与分析的基础上，指出我国个人账户养老金筹资与分配中存在着财务收支失衡、资金缺口扩大、资金征缴不利、筹资困难、资金管理不规范、支付标准不健全等方面的问题。进而提出相应的解决思路，主要包括两个方面。一是筹资方式的选择，笔者指出在基本养老金的征收过程中，应该摒弃那种非此即彼的思想，实现"税费结合"的筹资方式，对统筹基金采用缴税制，对个人账户养老金采用缴费制。二是制订可行的支付标准，个人账户利息的确定应该在考虑国家经济发展水平和缴费者承受能力等因素的基础上，借鉴智利的做法，与资金运营的收益挂钩，使个人账户养老金成为一种有效的投资工具。

第四章是个人账户养老金的投资问题研究。本章是本书的核心部分，由四个部分组成。第一部分，笔者在理论层面阐述了风险的内涵以及投资组合的原理，并明确提出个人账户养老金建立投资组合过程中应该坚持的四大原则，指出投资对象的选择包括银行存款、债券、股票、衍生金融工具、境外资产和国有企业六个方面。第二部分，笔者探讨了个人账户养老金与资本市场的关系，分析了我国实现养老金与资本市场互动的三类约束条件，在借鉴智利、新加坡以及社保基金理事会投资经验的基础上，探讨了个人账户养老金在债券与股票投资中应该注意的问题。其中，在债券方面，笔者认为通过特种国债的定向发行，把为弥补统筹资金缺口而被挪用的个人账户资金转化为财政对个人账户养老金管理主体的债务，有利于解决现实中对于隐性债务债务人认定的争端，并为个人账户养老金提供一条上佳的投资渠道。在股票投资方面，介绍了投资中的基本面分析、技术分析以及股票与期权期货建立组合规避风险的策略，并在探讨企业四重边界和三层治理结构的基础上，阐释了个人账户养老金在完善上市公司治理结构中的重要作用与现实选择。第三部分，笔者分析了个人账户养老金的公有属性及其与国有经济的关系，指出个人账户养老金积极投资国有企业可以实现二者的双赢，并进而探讨了个人账户养老金对国有企业的战略性进入及退出机制的建立。第四部分，笔者认为国资委作为管理主体应该加强对个人账户养老金的投资管理，并研究了运营主体业绩评价体系构建应该注意的问题，指出投资管理的主要内容包括运营主体资格审定、投资数量限制、资产负债匹配要求、准备金机制、投资风险补偿机制等。

第五章是个人账户养老金反腐倡廉财务长效治理机制研究。目前在整个社会保障体系内，腐败现象比较严重，而腐败治理中又存在着立法工作严重滞后、相关法规层级较低、行政监管失效、人事任命任人唯亲、财务监控失效、群众监督缺失等方面的问题。笔者在总结上述问题的基础上，从理论的层面，使用博弈分析的方法，探讨了财务腐败的生成机理与影响监控双方行为选择的因素，并指出高薪养廉并非明智之选。最后，笔者提出了个人账户养老金腐败问题的治理思路和以财务监控为核心的监控体系的构建问题。

笔者认为，本书的创新主要表现在以下五个方面。

第一，系统分析了基本养老金中社会统筹与个人账户两类资金的不同属性，提出了养老金的本金与基金分流理论。笔者认为，社会统筹养老金具有财政属性，属于基金的范畴，而个人账户养老金具有财务属性，属于国家财务本金的范畴，两类资金应该综合平衡、分流运营，分别实现各自的功用。这主要表现在本书的第二章第一节。

第二，以养老金本金基金分流理论为指导，提出基本养老金中社会统筹与个人账户资金的分别构建管理与运营主体的观点和政策建议。笔者认为社保部门作为一个行政管理机构，无能力管理具有财务属性的个人账户养老金，而社保基金理事会由于成立的初衷和投资的定位决定了其不适合管理个人账户养老金，而国资委的自身职能和个人账户养老金的财务属性决定了国资委作为个人账户养老金管理主体的必然性。这主要表现在本书的第二章第四节。

第三，在分析个人账户养老金与国有经济关系的基础上，提出个人账户养老金投资组合中应根据中国的特殊国情积极投资国有企业。由于国外养老金运营较好的国家都是把养老金主要注资于资本市场，因此目前对养老金投资的研究也都是与资金入市有关。笔者认为，个人账户养老金从产权上可以采取国家所有的形式，而我国又是一个以公有制为主体的社会主义国家，通过积极投资国有企业，必然可以实现个人账户养老金与国有经济的双赢。这主要表现在本书的第四章第三节。

第四，提出弥补隐性负债问题的新见解。目前我国养老保险制度中，隐形债务较为严重，而财政部门由于自身的难处不愿意积极承担这一债务，这也造成现实中个人账户空转的问题。虽然有人提出了发行特种国债筹集资金偿债的建议，但是这受到债券市场承受力和货币政策等因素的束缚。笔者认为，特种国债可以实行定向发行的方式，将部分空账转为财政部对个人账户养老金管理主体的负债，从而缓解现实中的争议，为隐形债务的弥补提供一个可行的思路，并解决了个人账户养老金投资债券市场的问题。这主要表现在第四章第二节。

第五，采用博弈的方法，分析了财务腐败的生成机理与影响监控双方行为的因素，并从数理的角度分析了高薪养廉政策的片面性。目前对于腐败的生成与治理的相关研究，多是从经济、体制和认识等宏观层面进行研究，并未真正触及影响微观主体决策因素的分析。笔者认为，受控主体是否选择财务腐败，取决于其对自身支付函数以及监控主体行为的预期；而监控主体是否进行监控，以及相应的监控方法选择、监控力度的把握，也是取决于自身支付函数及对受控主体行为的预期。因此，利用博弈理论分析财务腐败的形成原因及治理方式是一个较为可行的方法。这主要表现在第五章第二节。

由于笔者水平有限，本书存在着诸多不足。如对一些问题的理论的整体性把握不够，虽然对个人账户养老金筹集、投资、分配及其腐败治理中存在的问题进行了系统阐述，也提出了相应的解决方案，但是这些方案只是一些理论的推演，未能通过相应的实证验证，可能存在些许问题。这也促使笔者在以后的工作与学习中不断探索，努力提高。

目 录
CONTENTS

前　言

一、问题的提出

20 世纪 70 年代，由于经济减速和人口老龄化加重，各国纷纷对原有的现收现付制的养老金体制进行调整与改革。目前世界范围内，德国的俾斯麦模式、苏联的国家保险模式、英国的福利国家模式、新加坡的中央公积金制模式、智利的个人储蓄养老账户制模式等多种模式并存。

改革开放后，中国政府也在养老金领域尝试改革，并建立了具有中国特色的"统账结合"的基本养老保险制度。但问题也存在，如隐性负债责任主体不明、对人口老龄化问题重视不足、养老金个人账户空转、养老保险覆盖率难以扩大、资金增值能力有限、社保基金贪腐现象严重等。如何解决这些问题并实现养老保险制度的可持续发展，是当前理论界与实务界关注的重点。

我国的基本养老金包括社会统筹和个人账户两部分，二者在性质、功能、目标及运营模式等方面的不同，形成了泾渭分明的两个不同层次。但在实践操作中，它们是由劳动和社会保障部"混账"管理的，这也是在养老金领域出现诸多问题的一个体制性原因。管理主体的重新定位是当务之急。

个人账户养老金具有财务属性，属于国家财务本金的范畴，这必然要求其通过投资运营实现保值增值。资本市场经过多年的发展，已经可以成为个人账户养老金的极佳投资场所，而目前社保基金也开始加快了入市的步伐，这就产生了保障资金安全性、有效运营以及资本市场与养老金互动的问题。

个人账户养老金具有公有属性，在产权上可以采取国家代理所有的形式，这就使之与国有经济产生了必然的联系。个人账户养老金能否直接投资国有企业是目前未曾考虑的问题。如果可能，那么接下来还有运营主体的确定、如何有效运营、如何实现养老金与国有经济的双赢的问题。

本书正是针对上述问题，在明确个人账户养老金的属性、职能、主体与目标的基础上，深入探讨了其筹资、投资、分配和腐败治理等财务方面的问题，为我国的基本养老金制度提出相关的政策建议，以期在提高退休人员生活水平的基础上实现个人账户养老金与资本市场的良性互动、与国有经济的双赢。

二、文献综述

养老保险制度是各国社会经济发展到一定阶段的产物，与各国经济、社会、政治、文化及伦理道德等诸多因素有关。多年来，经济学、社会学、政治学、财政系、保险学、人口学等众多学科的学者都在积极研究这方面的问题，其成果可谓汗牛充栋。

1. 国外的相关研究

美国著名经济学家威廉姆森和帕姆佩尔（J. B. Williamson，F. C. Pampel，1993）将养老保险理论分为政治经济学派和新古典学派两大流派。

其中，政治经济学派的研究重点是养老保险制度的变迁，重视非经济因素，特别是政治因素在变迁中所起的作用，其研究方法主要是整体主义分析方法，代表理论主要包括工业制度论、社会民主论、新马克思主义论、新多元主义论和国家中心论等。

20 世纪 80 年代以后，新古典学派在养老保险理论领域取得了主导地位。与政治经济学派主要采用整体主义分析方法、注重从政治的角度看待养老金问题不同，新古典学派主要采用个体主义方法，注重宏观经济问题的微观基础，通过分析养老保险制度对储蓄、劳动供给等重要经济变量的影响，研究养老制度与经济增长的关系。其代表性的观点有以下几个方面。

Rothschild、Stiglitz（1976）研究了政府干预养老保险的理论依据。他们对美国养老保险制度的现状进行考察后指出，在雇主所提供的伤残保险和老年人养老金以外，在美国基本上不存在这些主要类型保险的私人市场。私人性质的养老保险市场的缺失不仅反映了保险市场典型的信息不对称问题，而且反映了在缺少可投资的真实保险市场下私人提供实际养老金（考虑通胀因素）面临的困难。他们认为由道德风险引起的市场失灵是政府干预养老保险的一个重要依据，在个人和社会的博弈中，总有一部分人抓住政府的这一"弱点"而不为自己的后半辈子进行储蓄，单等政府的救济。而养老保险通过强制性的措施可以使这些人自动加入一个社会最基本的安全网中来。

Feldstein（1980）研究了养老保险对储蓄的影响。通过时间序列数据研究发现，美国当时实现的现收现付制社会养老保险计划大约减少了个人储蓄的50%，从而使资本存量减少了38%，低于社会养老保险制度不存在时其应达到的水平。

Costa（1998）研究了养老保险对退休的影响。她指出1980年到1990年之间的男性劳动参与率下降的58%发生在社会保障体制支付其第一笔养老金之前。同样的情况在其他国家也出现了，因此提出不断上升的退休收入可以解释1960年前的大部分劳动参与率下降。

Spreemann（1984）研究了养老保险的再分配效应以及现收现付制与完全累积制的适用条件。他利用一个无限交替世代模型得出结论，即如果时间是无限连续的，在自由变化的缴费率下，除非人口增长率和工资增长率之和永远小于市场利率，否则，现收现付制就总能在代际间进行帕累托有效配置。而对完全累积制而言，当将来存在某个时期，从这一时期以后的所有各期内，"阿伦条件"都得不到满足，它才会是帕累托有效的。

2. 国内的相关研究

中国学者对国外市场经济制度下的社会保障研究在改革开放前就已经开始了，只不过当时是以一种批判的眼光看待问题，如巫宝之（1963）认为"福利国家论"是为垄断资本的资本家利益服务的，是一切反动势力对垄断资产阶级国家的美化。改革开放后，随着养老保险制度改革的推进，国内理论界关于养老保险的研究开始本着科学与务实的态度，在研究方法上也越来越多地与国际接轨。研究内容主要包括隐性负债、养老保险制度模式的选择、养老金的筹集与投资等方面的问题。

王燕、徐滇庆等（2001）对养老保险制度改革中转轨成本，即隐形负债进行了估算。他们首先利用一般均衡模型估算了在维持现有养老保险制度不变的情况下，维持养老金体系的财务平衡所需要的缴费率将维持在35%左右，从而在财务上不具备可持续性。其解决思路是通过征收个人所得税来筹集资金，从而使转轨成本占GDP比例维持在0.3%—0.6%的水平。

在养老金制度模式选择方面，分歧很大，存在着截然不同的三种观点，即现收现付制、完全累积制和名义账户制。如袁志刚、宋铮（2000）认为中国目前的储蓄率不是社会最优储蓄率，降低储蓄率很可能是一个帕累托改进，其结论是中国有没有必要依靠完全累积制实行资本积累。赵耀辉、徐建国（2001）从激励的角度阐述了当前体制在激励方面所存在的缺陷，为了克服这一制度性缺陷，唯一的方法是实行完全积累制。苏晓春、杨志勇（2007）从制度变迁和利益集团博弈的角度，分析了目前我国实质上实行的名义账户制的成因及其可行性。

在基本养老金资金筹集方面，目前大多数学者都支持费改税的观点。如"社会保障资金筹集与管理研究"课题组（2004）通过分析目前通过社会保障费筹集养老金的诸多弊端，指出费改税势在必行，并进一步提出了社会保障税征收中注意的问题。

在养老金投资方面，更多的学者关注的是养老金与资本市场的关系以及如何防范入市的风险。在养老金与国企改革的研究方面，周小川（1994）指出了养老金持股国有企业的三大可行性：一是养老保险基金的公有制属性不会导致国有资产流失；二是借国有企业所有权重构的时机来解决养老体制转轨的问题；三是养老保险基金建立了基金法人、管理人、保管人、投资人的结构体系，并由政府和社会公众组成监管组织，有利于保证国有资产的保值增值。

3. 小结

上述研究拓展了养老保险理论的研究思路，对笔者的研究具有极大的借鉴意义。但是也存在着三个方面的缺陷。

第一，未对基本养老金的属性进行研究。有关的研究文献认为基本养老是一种政府行为，而养老金的属性不需要研究，或者隐含的认为就是其仅仅具有财政属性。这一点对于中国目前实行的"统账结合"的基本养老制度的研究危害很大。社会统筹和个人账户两个部分的资金，实质上是性质完全不同的两个层面，其目标、功能、具体操作也就自然不同。对于中国实行何种养老金制度模式之争，就是因为没有认清两类资金的属性所造成的。

第二，对于养老金筹资方式先验为主地认为只有一种方法。用企业和职工缴费的方式筹集资金的确有着很多的弊端，但是，是否采用征税的方式就可以一劳永逸呢？既然基本养老金分为社会统筹和个人账户两个层面，那么在资金的筹集方面，是否应该区别对待？这都是当前研究未加重视的。

第三，在养老金的投资方面，过多地关注了养老金与资本市场的关系。对于个人账户养老金能否投资国有企业的问题，也只是仅仅看到了资金的公有性，先验为主地认为可以持股国有企业。但对于二者的关系、投资的方法、是否能够实现双赢等问题未做深入研究。

三、研究方法与基本思路

本书以中国特色社会主义理论为指导，本着"十九大""十四五规划"关于经济发展与养老制度的相关精神，遵循从历史到现实，从一般到特殊的思路，采用理论推演与数理分析相结合、定性与定量分析相结合的研究方法，在分析个人账户养老金的属性、职能、目标和主体的基础上，从宏观层面探讨其在筹资、投资、分配中存在的问题与解决思路，并进一步分析了养老金领域腐败问题的生成机理与治理思路。

其基本思路如图 0-1 所示。

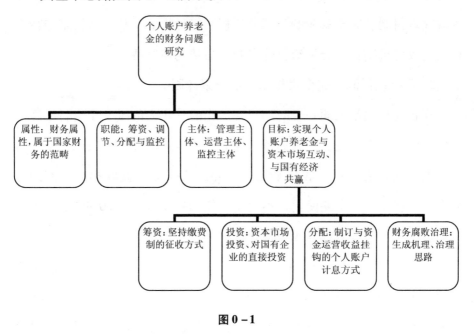

图 0-1

四、几个概念性说明

养老保险制度中的基本概念很多，本书中经常使用，在此笔者对这些基本概念加以明确界定。

1. 养老保险模式

养老保险制度模式可以从多种角度进行划分：从代表性国家角度可以分为德国俾斯麦模式、苏联国家保险模式、英国福利国家模式、新加坡的中央公积金模式、治理个人储蓄养老账户模式、中国统账结合模式等；从资金的筹集方式上可以分为缴费制、缴税制、强制储蓄三种模式；从资金管理模式上可以分为公共管理和私营管理、盈利性管理和非盈利性管理、政府管理与非政府管理等；从资金运营模式上分为统一运营与竞争性运营、直接运营与委托运营等；从财务平衡机制看，主要分为现收现付制、完全累积制与部分累积制三种模式；从缴费贡献与待遇计发的收付机制看，分为给付确定制与缴费确定制两种。

2. 现收现付制、完全累积制与部分累计制

现收现付制是以同一个时期正在工作的一代人的缴费来支付已经退休的一代人的养老金。它根据每年养老金的实际需要，一般以一个较短时期内（通常为一年）收支平衡为指导，从工资中提取相应比例的养老金，本期征收，本期使用，不为以后使用提供储备。20 世纪 80 年代以前，绝大多数国家都采用该模式。

完全累积制是根据长期收支平衡（通常为几十年）的原则确定收费率，企业和个人按工资的一定比例向专门机构定期缴纳养老保险税（费），记入个人账户，退休后用个人账户内的积累额加上利息支付养老金。目前实行该模式的代表性国家是新加坡和智利。

部分累积制是介于现收现付制和完全累积制之间的中间模式，它根据分阶段收支平衡的原则，在满足一定时期支出需要的前提下，留有一

定的储备资金，并据此确定收费率。目前大多数发达国家均采用此模式。

3. 给付确定制与缴费确定制

给付确定制是由养老保险计划的主办者做出承诺，依参保者年龄和以往贡献的大小决定每个参保者的养老金收益；未来的养老金的总体费用水平与需求通过对工资增长率、投资回报率及就业率、死亡率、伤残发生频率等主要相关参数，通过数学模型的预测做出大致估算。

缴费确定制是按照一定公式决定每个参保者的缴费，为每个参保者设立个人账户，以记录缴费的多少，将来在他们有资格领取养老金时决定怎样向他们计发养老金。

4. 中国的基本养老保险制度

社会统筹与个人账户相结合的基本养老保险制度是我国在世界上首创的一种新型的基本养老保险制度。这个制度在基本养老保险基金的筹集上采用传统型的基本养老保险费用的筹集模式，即由国家、单位和个人共同负担；基本养老保险基金实行社会互济；在基本养老金的计发上采用结构式的计发办法，强调个人账户养老金的激励因素和劳动贡献差别。因此，该制度既吸收了传统型的养老保险制度的优点，又借鉴了个人账户模式的长处；既体现了传统意义上的社会保险的社会互济、分散风险、保障性强的特点，又强调了职工的自我保障意识和激励机制。随着该制度在中国实践中的不断完善，必将对世界养老保险发展史产生深远的影响。[1]

———————————

[1] 中华人民共和国劳动和社会保障部网站，www. molss. gov. cn。

5. 替代率

替代率是指退休人员人均养老金占在职职工的人均工资的比例，其数值越大，表明退休人员的养老金待遇水平越高，相应的养老金支付越多。

6. 抚养比

抚养比是指人口总体中老年人口数与劳动年龄人口数之比，通常用百分比表示，用以表明每 100 名劳动年龄人口要负担多少名老年人。老年人口抚养比是从经济角度反映人口老化社会后果的指标之一。

第一章　养老保险制度的发展历程和现实选择

一、国外养老保险制度的历史与现状简介

历史地看待社会养老保险制度，养老保险制度是一种生产社会化、城市化、社会生活日渐现代化的产物。当养老由个人和家庭的需要逐步转变成社会的需要，养老也便由个人和家庭的行为演变为一种社会制度。纵观社会保障发展史，其典型模式可以如下描述，"第一阶段是家长统治的时代，为生活条件艰苦的穷人提供私人慈善事业和公共贫困救济；第二阶段是社会保险的时代，随着越来越多的职业的出现和越来越多的意外事故的发生，更加广泛的义务保险项目得到发展；第三阶段是服务范围延伸到以保持与提高生活质量为目标"（国际劳工组织，1984）。养老保险是社会保险制度最重要的内容，也是整个社会保障制度最基本的内容，其发展自然也经历了相似的历程。笔者主要将之归结为雏形期、成长期和改革发展期三个阶段。

（一）国外养老保险制度的雏形期

包括养老在内的保障和济贫行为主要是社会互助互济思想的产物。

在欧洲中世纪，其主要表现为一种自上而下的恩赐行为，如君主对臣民、富人对穷人、教会对教众，而受惠者经常要以付出人身依附关系为代价。随着欧洲社会从自然经济向商品经济过渡，人身依附关系逐步解除，大量的农民涌入城市，从而出现了日渐增多的贫困等社会问题，国家出面干预救济行为势在必行，此时社会保障制度也应运而生。1536年，英国政府颁布了第一部《济贫法》，为社会保障制度在英国的建立提供了法律依据，此后该法案历经修订，并于1834年通过了修正案，史称《新济贫法》，其中明确了社会救助是政府应尽义务、要求救助是公民的基本权利等社会保障理念。

政府养老金作为计划安排，可查的最早资料见于1669年法国的《年金法典》，其中明文规定，对不能继续从事海上工作的老年海员发放养老金。由于17世纪欧洲自然经济仍占统治地位，劳动者的养老保障主要在家庭内实现，因此这一制度并没有在欧洲普及。1825年，普鲁士国王为其官吏建立了欧洲历史上第一个强制性的养老金制度。1853年，法国政府作为雇主为自己的公务员建立由国家提供补助的自治性年金制度，对法国企业建立企业年金制度产生了深远的影响。此后，不少企业，尤其是采矿业、铁路等劳动条件艰苦行业的企业，通过为其雇员建立企业年金的方法吸引工人并以此抵制工会的影响。

通过上述分析，我们可以看出，养老保险制度产生的原因主要是各国政府巩固统治的需要。而且在此期间，一方面，社会养老的相关规定经常包含在整个济贫法案之中，而未成为独立的法律体系；另一方面，养老金覆盖范围较窄，其受益者主要是官吏或政府公务员，而企业员工享受的年金制度大多是雇主从利润和道德角度出发而采取的一种个体行为。

（二）国外养老保险制度的成长期

1889 年德国托·冯·俾斯麦政府在继 1883 年、1884 年的《疾病保险法》和《工伤保险法》之后，以德皇威廉一世的名义发布了《老年残疾保险法》，这是第一个正规的首次面向全体工薪劳动者的养老金计划，之后又加入了遗属抚恤保障的内容。其显著特征是带有强制性，并要求劳动者缴纳费用。虽然俾斯麦政府推出该法案的初衷是为了阻止早期社会主义运动的发展和巩固城市工人阶级对帝国的忠诚，但是在制度实施过程中，人们也逐渐认识到可以借助养老保险制度来规避工业社会中工人所面临的风险。其积极意义表现在三个方面：第一，这是一项国家强制性缴费的计划安排，费用一半来自国家，另一半由雇主和雇员承担，这样避免了制度的资金来源完全由政府负担；第二，由于这是一项缴费性计划安排，当雇员进行了缴费也就相应地获得了领取养老金的权利，从而使管理中的各种烦琐手续得以简化，降低管理成本；第三，从保障范围上解决了雇佣劳动者、工薪人员这一拥有社会最多地成员的群体的养老保障，因而缓解了社会的主要矛盾。

德国的这一社会养老保险模式，史称俾斯麦模式。这一模式被广泛关注，并迅速普及欧洲诸国以及美国与日本。如俄国于 1903 年，比利时于 1904 年，法国于 1910 年，瑞典、荷兰于 1913 年，意大利于 1919 年，美国于 1935 年建立了自己的养老保险制度。在此期间，随着社会养老保险事业的发展，各国的养老金覆盖对象出现了普遍化和有选择两种形式，但其固有模式——俾斯麦模式的基本要点并未有大的变化，比如实行投保制、投保费比例采用等比制，国家对养老金的缴纳与领取实行让税、让利，同时从养老金的筹资模式来看，实行现收现付制。

20世纪30年代，苏联登上国际舞台，出现了"国家保险"模式，并在50年代后扩及若干社会主义国家，社会养老保险模式再也不是单一的了。"国家保险"模式把社会保险的国家行为推崇到空前高度，从其覆盖的范围、投保规定到给付水平，都由国家统一包揽。

1944年，受当时英国首相丘吉尔的委托，贝弗里奇爵士试图制定一套统管人们一生的公共保障计划，即著名的"贝弗里奇计划"。在该计划的基础上，1948年英国首相艾德礼率先宣布建立"从摇篮到坟墓"均有保障的福利国家。接着许多发达国家和地区先后宣布实施"普遍福利政策"，从而在发达国家和地区形成了一个以"高福利"为代表的社会保障体系。

可以看出，在此阶段，不论是社会主义国家还是资本主义国家，纷纷建立并完善自身的养老保险制度，不论是社会主义国家实行的"低工资、高福利"政策，还是资本主义国家实行的"福利国家"政策，其筹资方式都是实行的现收现付制，实现代际赡养，以提高老年人的退休生活水平为宗旨，并无以复加的程度体现了公平原则。

（三）国外养老保险制度的改革发展期

进入20世纪下半叶，尤其是七八十年代，西方国家现收现付制的养老保险制度开始面临诸多挑战，资金收支缺口问题凸显，主要表现于以下几个方面。首先，由于养老金具有刚性特征，易升难降，而大多资本主义国家实行的是两党制或多党制，各政党为了选举的需要，很难提出降低养老金的主张，国家财政难堪重负。其次，经过战后20多年的黄金发展期，西方各国的经济发展开始减速，尤其是1973年石油危机发生，对经济更是雪上加霜，动摇了养老金的经济基础。再次，人口老龄化日渐成为世界性问题，实行代际赡养的现收现付制随着抚养比的不断攀升，导致在职者负担日益加重，各国国民储蓄率不断下降，企业难堪重负，国际竞争力减弱，这些都进一步影响了经济发展的速度与水平。最后，苏东剧变使大多数社会主义国家完成了向资本主义的转变，而原本的养老保险制度的"国家模式"难以为继，制度变迁势在必行。

如果说 1951 年马来西亚和 1955 年新加坡率先实行的中央公积金制度是点燃了养老保险制度改革的星星之火，那么 20 世纪 80 年代智利实行的个人储蓄养老金账户制就是将这星星之火实现了燎原之势，到了90 年代，世界各国纷纷对其养老保险制度进行了不同程度的改革。从改革的具体措施来看，主要包括两类，即参数式调整和系统性改革。

1. 参数式调整

参数式调整是在不改变原有制度模式的前提下，对制度的一些具体参数进行调整，以期实现增加收入、减少支出，化解养老金支付危机，防止传统现收现付制养老保险体系的财政崩溃。参数式调整具体办法一般包括如下几点。

（1）提高退休年龄，并对不同退休年龄实行不同的养老金给付水平。提高退休年龄的意义在于：一方面，可以通过工作年限的延长相应地延长缴费期限，从而对养老计划产生收入效应；另一方面，工作年限的延长又会减少受保人领取年金的余命年限，从而减少养老计划的支出。这是目前各国改革中的一种重要方法，通过表 1 - 1 可见一斑。对不同退休年龄实行不同的养老金给付水平是一种柔性的做法，间接达到延长退休时间的目的。以美国为例，目前美国法律规定的最低退休年龄是 62 岁，正常退休年龄是 67 岁。一个人只要到了最低退休年龄，且积累的社保积分达到了 40 分，就可以申领社保退休金。这种情况下退休金的数额会打一个较大的折扣。如果到正常退休年龄退休，退休金就会高得多。如果推迟退休到 70 岁，还可获得更高退休金。但是超过 70 岁之后，退休金就不再提高了。

表 1-1　各国退休年龄变化①

国别	1995 年		1999 年		后续变化趋势
	男	女	男	女	
阿根廷	62	57	64	59	2001 年：男 65，女 60
澳大利亚	65	60	65	61.5	2013 年：女 65
比利时	60	60	61	61	2009 年：男女均 65
玻利维亚	55	50	65	65	
哥伦比亚	60	55	60	55	2014 年：男 62，女 57
亚美尼亚	60	55	62	57	
捷克	60	57			2007 年：男 62，女 61
爱沙尼亚	60.5	55.5	62.5	57.5	2000 年：男 63，2010 年：女 63
格鲁吉亚	60	55	65	60	
匈牙利			60	57	2009 年开始：男女均 62
新西兰	62	62	64	64	2001 年开始：男女均 65
瑞士			65	62	2005 年开始：女 64
土库曼斯坦	60	55	62	57	
英国			65	60	

① 魏加宁：《养老保险与金融市场》，43 页，北京，中国金融出版社，2002.

续表

国别	1995 年		1999 年		后续变化趋势
	男	女	男	女	
美国			65	65	2000—2027 年开始：男女均增至 67
乌拉圭	60	55	60	56	至 2003 年：女增至 60

资料来源：Social Security Administration of US（1999）；Social Security Programs Throughout the World

（2）提高缴费率或降低养老金替代率。以英国为例，1980 年修改法律，将"养老金每年升幅跟随平均收入或物价指数的两者中较高的一种"改为"至少跟随通货膨胀的增长，但最高不超过 3%"。在美国，20 世纪 80 年代，社保基金开始出现入不敷出的危机。里根总统任命了以格林斯潘为首的委员会，研究对策。最终经国会立法通过的主要措施包括对社会保障退休津贴征收收入税，同时砍掉了多项社会福利津贴，甚至数次冻结退休金的发放。

（3）建立多层次的养老保险体系，以弥补基本养老金给付水平的不足。目前西方发达国家基本都建立了"三支柱"的养老金体系。以美国为例，其第一支柱——社会保障计划（Social Security），可以为退休人员提供 30%—50% 的替代率，满足其基本生活；第二支柱——企业年金制度，包括利润共享计划和 401（k）计划，采取缴费确定的管理方式；第三支柱——个人退休账户制度，主要包括传统个人退休账户（Traditional IRA）、反向（鲁斯）个人退休账户（Ruth IRA）、小企业个人退休账户（Simple IRA）。通过"三支柱"的构建，使普通民众接受较低的基本养老金发放水平，减轻国家财政的负担。

（4）改变养老金的管理方式，扩大养老金的投资范围，提高养老金的保值增值能力。由于实行参数式调整的国家在筹资方式上大多由现收现付制演变为部分累积制，通过对部分留有资金的投资，实现保值增值，为养老金提供了一个收入的来源。如日本把国民年金和厚生年金的基金，即一般公民和私营企业员工的基本养老保险基金，交由大藏省资金运用部掌管，严格控制投放。其余的年金基金，即国家公务员年金基金、地方公务员年金基金、农林渔团体年金基金、私立学员工年金基金等，一律交由年金基金会管理，任其自主投放。这样，在社会养老保险基金管理、运营、投放方面，采取了集中与分散管理的办法，也就是政府抓大头，小头交由各个基金会负责。

2. 系统性改革

系统性改革是指从养老金的筹资模式、资金管理和待遇确定等方面对养老保险体系进行制度性的变革，是由一种养老保险模式转换为另一种模式。如由现收现付的筹资模式向基金积累的筹资模式转变，养老基金由公共管理向市场管理转变，养老保险的待遇由受益确定型（DB）向缴费确定型（DC）转变，等等。这又分为以下三种情形。

（1）由现收现付、受益确定的社会养老保险模式转变为缴费确定的完全积累模式，以新加坡和智利为代表。1955 年 7 月 1 日，新加坡正式建立并实施中央公积金制度。最初，公积金所包括的劳动者是指受雇于同一雇主、时间在一个月以上的工人，不包括临时工及独立劳动者，也只是一个强制性的储蓄计划，保障的范围也只涉及公积金会员退休或因伤残丧失工作能力后的基本生活。随着时间的推移，新加坡政府在原有储蓄计划的基础上，又推出了一系列公积金计划，包括的范围除养老保险外，还包括住房公积金、工伤、医疗、教育等方面。雇主和雇员都向中央公积金缴费。1955 年的缴费率为 10%（雇主和雇员各缴纳5%），1968 年上升到 13%，1984 年达到 50%，目前基本稳定在 40%，其中雇主交 17%，雇员交 23%。但由于公积金制度规定其会员可以将一部分积累额购买住房、股票和支付教育及住院医疗费用，因此，实际用于养老的公积金远低于 40% 的缴费率。55 岁以下会员的个人账户一分为三，普通账户（ordinary account）、医疗账户（medisave account）和特别账户（special account）。个人账户的存款利率都是政府统一规定的。新加坡中央公积金局已经实施了一些投资计划以促进公积金资产的保值增值，包括中央公积金基本投资计划（CPF investment scheme）、增进投资计划（enhanced investment scheme）、新加坡巴士有限公司股票计划（Singapore bus service ltd share scheme）、非住宅房地产计划（non - residential properties scheme）等。中央公积金主要投资于政府债券，以及工业、住宅和基础设施建设，安全性较高，但收益较低。从 1989 年到 1998 年，中央公积金的平均名义收益率为 3.51%，扣除通货膨胀因素，实际的无风险中央公积金收益率为 1.28%，总体上来看，其收益率处于相对较低的水平（详见表 1 - 2）。至 1990 年 6 月底，公积金会员达到 200 万人，公积金存款总额达到 300 亿新元，相当于 214.5 亿美元。1999 年，基金总额达到 928 亿美元，每年收缴 128 亿美元。

表1–2　中央公积金历年存款的名义收益率（1961—2002）[1]

年月	收益率（%）	年月	收益率（%）
1961 年	2.50	1987 年	4.34
1963 年	5.00	1988 年	3.19
1964 年	5.25	1989 年	3.10
1967 年	5.50	1990 年	3.77
1970 年	5.75	1991 年	4.85
1974 年	6.50	1992 年	4.59
1986 年 3 月	5.78	2001 年	2.50
1986 年 7 月	5.38	2002 年	2.50

　　1980 年，皮诺切特军政府颁布了《养老保险法》，从而建立起以个人账户累积为基础，以私营化管理为基本特征，强调自我积累、自我保障、经营性原则的养老保险运行机制。智利为加入新制度的成员建立了专门的养老金账户，由成员自己按月缴纳养老金（目前规定为月工资的 10%），雇主不缴费。个人账户由缴费者自主选择一家养老金管理公司负责管理。随着缴费的不断增加及投资增值，形成养老金积累。养老金管理公司是专门为运作养老金而成立的股份公司，性质为民营机构。养老金管理公司只能从事养老金及相关业务，其他公司不得从事养老金业务。在养老金的收支方式上，参加养老保险体系的成员每月按本人纳税工资的 10% 缴纳养老金。由养老金管理公司同银行订立合同，由银行具体组织收费。男满 65 岁，女满 60 岁，缴费年限满 20 年，可以领

---

　　[1]　资料来源：社会保障基金理事会网站，www.ssf.gov.cn。

取养老金，并确定了计划提款、终身年金和临时提款加终身年金三种给付方式供个人选择。为了控制投资风险，智利政府对养老金的投资及管理有非常细致的规定，包括可投资范围、证券风险分类、投资市场限制、最低收益保证、建立收益波动准备金和现金准备金等。由民营机构分别对掌握的社会养老保险基金进行投放，不仅用以购买国家债券，而且扩展到购买公私企业债券和股票，进行抵押贷款、海外投资等，且也取得丰厚的回报。当然，这只是 20 世纪 80 年代至 2000 年的情景。进入 21 世纪，随着国家资产变卖、私有化接近尾声，社会养老保险基金投放的回报开始降低。但不管怎么说，智利开创了社会养老保险基金自由广泛投放的先声。

（2）由现收现付、受益确定的社会养老保险模式转变为现收现付、缴费确定的名义个人账户模式（Nominal Defined Contribution，简称 NDC），以波兰（1999）为代表。这种模式与完全积累制具有一些相同的特点：均建立个人账户，个人和单位缴费计入个人账户；养老金待遇发放采用规定缴费方式，养老金取决于个人账户的积累额。两者的区别在于个人账户的作用不同：完全积累制中个人账户是实的，账户资金用于投资运营；名义个人账户模式中的个人账户是空的，名义上的，真正的账户资金被用于发放当前退休者的养老金，个人账户的作用仅仅是计发待遇的手段，它的筹资方式仍然是现收现付；名义个人账户无法进行投资，一般由政府根据工资增长率和其他因素确定一个名义利率，个人账户根据名义利率进行名义上的积累。名义账户模式在形式上类似于完全积累制（均建立个人账户、养老金根据个人账户积累额确定），实质上仍是现收现付制（没有实际的资金积累）。波兰的养老保险体系只有两个层次，即基本养老保险和补充养老保险，并且两个层次均采取现收现付的财务机制。该模式在波兰的主要弊病是：第一，政出多门，重叠管理。波兰政府设有劳动与社会政策部、农业部和社会保险局等机构，各部门都能依据各自的权限对老年保障体系的运作施加影响，这势必造成不同部门间的利益冲突和监管的低效率。第二，入不敷出，空账运转。一方面，波兰国民的老龄化问题伴随着低出生率和低死亡率而变得日益突出；另一方面，一些制度安排也不能保证养老费用的足额征缴与合理使用。以退休制度为例，波兰实行较高的法定退休年龄（男 65 岁，女 60 岁）以缓解养老金的收支矛盾，但社会上的普遍情况却是大家纷纷以各种理由提前退休而丝毫不影响退休待遇，法定的退休制度形同虚设。第三，预算补贴过多，财政不堪重负。1995 年，财政预算对养老金体系的总补贴占到了 GDP 的 4.5%，远高于其他几个中东欧国家，这同时也意味着养老金体系 30% 的运作成本由全体纳税人而不是由企业主负担。到现在，这个比例也有 3% 左右。此外，波兰的养老金体系还存在一个与中国类似的难点，即历史遗留下来的对国有企业职工"偿债"的问题。在前社会主义时期，波兰各大国有企业的利税均上缴财政，工人们的劳动并未得到全额补偿。如今在转制的前提下实行养老金改革，必涉及对当前的离退休人员如何进行补偿的问题，这既关系到社会公平的实现，也关系到整个社会的稳定大局。

（3）由公共基金积累养老保险模式转向现收现付社会养老保险模式。这种变革出现在一些曾经仿效新加坡"中央公积金"模式的非洲和南亚国家。由于政府管理养老基金的过程中出现严重的腐败行为，养老基金大量流失，制度破产，不得不重新回归现收现付制度。在目前各国普遍向基金积累模式转轨的趋势下，这似乎是一种逆潮。但从另一方面来看，这种逆向变革给那些急于建立基金积累制度的国家发出警告——基金积累制度对基金管理能力有很高的要求，政府的管理监控能力将影响这种制度变革的成败。这在后文关于我国养老保险制度的现实选择中还要进一步探讨。

二、中国养老保险制度的发展历程

中国的养老保险制度由来已久，据古代资料记载，中国古代管理的养老制度成为"致仕"，在汉代就已形成制度，在唐、宋时代得到了完善和发展。汉、唐、宋、元各朝大都采用了"七十而致仕"的规定。在其后的年代，"致仕"的年龄有所降低。关于致仕后的生活保障，多采取赐物的办法。汉代规定，年俸禄在二千石以上者，可带原俸禄的三分之一回家养老。魏晋时期的官吏或赐给实物，或采用授予"顾问"性质的闲职，供养终身。唐代一至九品官吏告老之后，赐给100—200亩的"永乐田"，并可传子孙。[①]

新中国成立后，借鉴苏联的"国家保险"模式，我国政府于1951年正式启动了养老保险计划，经过半个多世纪的发展演变，中国的养老保险制度基本经历了全国统筹→企业保险→社会统筹→统账结合四个阶段。

（一）全国统筹阶段（1951—1968）

1951年颁布、1953年修订的全国统一的《中华人民共和国劳动保

---

① 何平：《社会保障概论》，北京：中国劳动社会保障出版社2004年版，第95页。

险条例（草案）》（简称《劳动保险条例》），标志着我国养老保险计划的正式启动。其中第三章第十五条和第四章第十九条对于老年养老保险作了明确的规定，实施范围是 100 人以上的国有工业企业，明确了劳动者在年老或完全丧失劳动能力时，退出生产岗位，退休或退职养老的条件、待遇以及基金管理等方面的具体事项，从而确立了新中国第一个正式的养老保险制度。在资金筹集上，1953—1965 年期间，建立了企业雇主按本企业工资总额的 3% 缴纳的劳动保险基金。其中，70% 留在企业，用于企业直接支付养老金；30% 转到全国总基金，用于全国范围内跨企业、跨行业、跨地区调剂使用。退休人员养老金由所在企业负责发放，养老金水平根据本企业工龄和本人标准工资确定，占职工工资的50%—70%。

　　1955 年，国家出台实施了《国家机关事业单位工作人员退休处理暂行规定》《国家机关事业单位工作人员退职处理暂行规定》，对政府机关、事业单位的工作人员建立了相应的养老保险制度。1958 年，国务院颁布了《关于工人、职员退休处理的暂行规定（草案）》，规定将企业和机关事业两个相对独立的养老保险办法进行了统一；放宽了退休的工龄条件，一般工龄由原来男需满 25 年、女需满 20 年分别放宽到 20 年、15 年；扩大了实施范围，将百人以下实施劳保集体合同的企业和集体所有制工业企业正式纳入范围；此外还增加了一些特殊待遇的内容，相对提高了待遇。

　　1960 年，第二轻工业部、全国手工业合作总社制定了《关于轻手工业集体所有制职工、社员退休统筹暂行办法》和《关于轻手工业集体所有制职工、社员退职、退休处理暂行办法》，开始将工业以外的集体所有制经济也逐步纳入养老保险制度的覆盖范围。之后，其他系统的县、区以上集体所有制经济组织陆续参照执行了类似的制度。

至此，在城镇范围内的全民所有制企业、机关企事业单位以及县（区）以上大集体企业都已建立了相应的职工退休养老制度。这一时期所建立的养老保险制度是在计划经济的宏观背景之下逐步成型的，在发挥社会保险互助互济的功能，有效地保障退休人员的基本生活方面，促进国家大规模的经济建设方面都起到了十分重要的作用。

（二）企业保险阶段（1969—1977）

十年动乱期间，新中国成立初期建立起来的养老保险制度处于停滞、倒退的阶段，特别是企业间转移支付机制的撤销使我国的养老保险蜕化为了单个企业内部的养老保险或企业劳保。已积累的养老基金被用于其他事项，原由各级工会组织负责具体管理的劳动保险基金，从1969年起不再筹集，支付退休人员所需费用全部由各企业自行负担，在"营业外项目"内列支。同时，中华全国总工会和劳动部被取消，监督的职能转移到了地方劳动部门，从而全国统一的养老保险办法开始被打破，并开始在全国各地逐步体现出制度的多样性。此间退休制度也被基本停顿，一大批应当退休的年老体弱人员被滞留在单位内部没有能够退下来。由此造成的企业之间养老金负担畸轻畸重的矛盾特别突出，而实际退下来的人员生活也难以保障。由于没有了大范围的调剂机制，社会保险丧失了社会性和互助性，蜕变为"企业保险"。

用"企业保险"代替"社会保险"产生了非常严重的后果。一是"文革"以后，退休职工大量增加，新老企业退休费用负担畸轻畸重的矛盾越来越突出，一些老企业经济效益低下，退休职工众多，依靠企业本身的力量，保障不了退休职工的基本生活；还有一些企业本来具有发展潜力，但因为退休职工众多，企业养老保险负担过重，无力实施技术改造、产业升级和扩大再生产，只能被动地等待市场淘汰。二是"企业保险"凸显了职工"代际转移"矛盾。新中国成立以后，我国城镇职工养老保险制度采取了西方社会通用的现收现付筹资模式，这种筹资模式在全国养老基金统一调剂使用，退休职工比例较低的情况下一般不会出现什么大的问题。但在保险失去社会性，企业自负盈亏，独自承担养老金支出，退休职工不断增多的情况下，很多企业养老金支付捉襟见肘，沉重的养老金负担严重影响了企业长远发展能力和在职职工的利益，"代际矛盾"逐步显现。广东东莞县（现东莞市）搬运站就曾经因退休费负担过重，影响了在职职工工资发放而导致搬运站工人罢工。[1]

（三）社会统筹阶段（1978—1990）

改革开放后，特别是进入 20 世纪 80 年代，我国退休人员急剧增加，退休费用也大幅攀升，企业保险模式加重了企业的负担。为解决这些问题，从 80 年代初期开始，我国政府开始了从局部试点到全国统一的养老金社会统筹的探索与改革。

在 1985 年前，在基本养老保险待遇的规定和支付上，我国企业实行的是由国家统一规定的等级工资制度，养老金的给付则是根据职工退休前的标准工资多少来计算。比如，1978 年国务院发布了《关于工人退休、退职的暂行办法》规定企业职工达到国家规定的退休年龄，连续工龄满 10 年，不满 15 年的按其退休前标准工资的 60% 发给养老金，

---

① 朱家甄：《中国社会保险工作全书》，北京：中国统计出版社 1995 年版，第 121 页。

满 15 年不满 20 年的发 70%，满 20 年及其以上者发 75%。由于恢复了退休制度，提高了退休待遇，再加上实行了子女顶替制度，一大批在"文革"期间没有退下来的人员开始在短期内退下来，企业退休人员激增。从 1978 年到 1985 年退休人员数量增加了 4 倍，企业负担的养老费用占城镇职工工资的比例从 2.8% 上升到 10.6%。同时，随着改革开放，多种经济成分的发展，我国开始建立城镇集体所有制和三资企业职工的社会保险制度。1980 年，财政部、国家劳动总局发布了《关于城镇集体所有制企业的工资福利标准和列支问题的通知》，规定经有关政府部门批准同意，允许社会保险费用可在营业外或其他费用项目中列支。同年，国务院发布了《中外合资经营企业劳动管理规定》，要求中外合资企业按照国营企业标准支付职工的劳动保护费用。1983 年，国务院发布了《关于城镇集体所有制经济若干政策问题的暂行规定》，规定城镇集体企业应根据自身经济力量，在所得税前提取一定数额的社会保险金，逐步建立社会保险制度。这一规定为城镇集体经济，特别是区县以下集体企业发展社会保险提供了法律依据。一系列有关非国有经济的职工社会保险法规的出台和实施，丰富和完善了我国以国有单位保障为主干的社会保险体系。至此，除了私营企业、乡镇企业职工外，几乎所有职工的社会保险都已经有法可依。

1985 年以后，国家对企业职工的分配制度不再统一规定，而是在对企业工资总额实行控制的情况下，允许企业根据本单位的情况实行不同的工资分配形式，以此调动劳动者的生产积极性。1986 年，国务院发布了 77 号文件，要求建立全国县、市一级的退休费统筹机制，对参加统筹的企业规定一定的缴费率（或公式）来建立统筹基金。如果企业的养老金支出小于缴费率，其差额纳入统筹基金；如高于缴费率，则不足部分将由统筹基金支付。在国有企业逐步引入社会化的退休费统筹机制的同时，城镇集体企业、合营企业职工的退休费统筹也开始在一些市、县、地区开始逐步试点推广。社会化的退休费统筹机制引入和推进，打破了传统计划经济体制下形成的单个企业内部保险的模式，实现了资金在一定范围内的社会性的统筹调剂。

（四）统账结合阶段（1991 年至今）

养老保险的前三个阶段，从筹资方式上讲，实行的都是现收现付制。随着生活水平的提高和卫生条件的改善，我国人口平均寿命从新中国成立时的不到 50 岁提高到 20 世纪 90 年代初期的近 70 岁。同时 1970 年后期实行的计划生育政策，加速了中国人口老龄化的进程。鉴于国外的经验与教训，我国政府开始重视应对老龄化问题，并着手实行统账结合的部分累积制。

1991 年，国务院颁布了《关于企业职工养老保险制度改革的决定》，逐步建立起基本养老保险与企业补充养老保险和职工个人储蓄性养老保险相结合的制度。改变养老保险完全由国家、企业包办的情况，由国家、企业、个人三方共同负担。职工个人缴纳基本养老保险费，缴费标准开始时可不超过本人标准工资的 3%，以后随着经济的发展和职工工资的调整，逐步提高其上缴基金。国家提倡、鼓励企业实行补充养老保险和职工参加个人储蓄性养老保险，并在政策上给予指导。同时，允许试行将个人储蓄性养老保险与企业补充养老保险挂钩的办法。补充养老保险基金，由社会保险管理机构按国家技术监督局发布的社会保障号码记入职工个人账户。

1993 年，中共中央十四届三中全会颁布了《关于建立社会主义市场经济体制若干问题的决定》，其中对养老保障体制改革做了三项原则规定，包括建立多层次的社会保障体系、实行社会统筹和个人账户相结合和建立统一的社会保障管理机构。在各地前期试点的基础上，同年10 月劳动部发布了《关于基本养老金计发办法改革试点工作的通知》，社会统筹和个人账户相结合的改革试点开始全面推开。

1995 年 3 月，国务院颁布了《关于深化企业职工养老保险改革的通知》，明确了在 2000 年前建立起统一的养老保险制度的目标，要求其适用于城镇各类企业职工和个体劳动者，资金来源渠道多样化、权利义务相适应和管理服务社会化。在附件中，国务院提出了两种统账结合的方案供各地选择甚至适当调整。方案一是在国家经济体制改革委员会提出的思路基础上制定的，所谓的"小统筹大账户"，强调个人账户的作用，其规模为职工工资总额的 16%，职工个人缴费全部计入个人账户，企业缴费的一部分也分别按照社会平均工资和职工本人工资的一定比例计入个人账户，退休后按个人账户储存额确定养老金。方案二是在国家劳动部的意见基础上制定的，所谓的"大统筹小账户"，强调社会统筹的比重。国家提出两种方案供地方选择，并允许地方变通，从而在实际改革中形成了以县或行业部门为统筹范围的成百上千种方案，这进而导致了地区与部门之间养老金水平相互攀比，养老保险基金分割、分散，养老保险缴费率差异极大的情况，使得职工跨地区、跨部门流动困难，国家难以规范、调控。

1997 年 7 月，针对各地养老保险改革出现的混乱局面，国务院颁布了《关于建立统一的企业职工基本养老保险制度的决定》（简称《决定》)。《决定》明确了"社会统筹与个人账户相结合的模式"是中国城镇企业职工基本养老保险的统一模式,企业补充养老保险和个人储蓄养老保险为基本模式的补充。其主要内容是(1)统一缴费比例。企业的基本养老保险缴费一般不得超过企业工资总额的20%,个人缴费1997年不得低于本人缴费工资的4%,1998年起每两年提高1个百分点,最终达到本人缴费工资的8%。(2)建立统一的个人账户。按职工缴费工资的11%的比例建立基本养老保险个人账户。个人缴费部分全部划入,其余部分由企业缴费补足。个人账户储存额参考银行存款利率计算利息。个人账户可因职工工作调动而一同转移。职工或退休人员死亡时,个人账户的个人缴费部分可继承。(3)统一基本养老金计发办法。基本养老金由基础养老金和个人账户养老金两部分组成,基础养老金月标准为省、自治区、直辖市或地(市)上年度职工月平均工资的20%,个人账户养老金月标准为本人账户储存额的1/120。(4)领取养老金的条件是个人缴费满15年。老人仍实行老制度,新人实施新制度,对于中人则在计发基本养老金和个人账户养老金的基础上,增加一项过渡性养老金,作为新老制度转轨的过渡办法。

1998年,为解决不同所有制企业之间养老保险制度不统一,养老基金不能全社会统筹运用的问题,国务院发布了《关于实行企业职工基本养老保险省级统筹和行业统筹移交地方管理有关问题的通知》,此后,又实现了企业职工养老保险制度全国并轨,养老基金由市级统筹向省级统筹过渡,养老金的差额缴拨改为全额缴拨,并积极推进养老金社会化发放办法。

2000年,国务院印发了《关于完善城镇社会保障体系的试点方案》

（简称《试点方案》），决定 2001 年先在辽宁全省和其他各省（自治区、直辖市）选定的部分地市进行试点。与 1997 年《决定》相比，2000 年的《试点方案》着眼于解决养老保险制度改革中的转轨问题，重点是缩小个人账户规模，个人账户的规模从此前的相当于个人工资的 11%降为 8%，个人缴费比例从平均 5% 提高到 8%，个人账户完全由个人缴费形成，由空账变成实账。原规定的用人单位 20% 的缴费比例不变，但不再划入个人账户，而是全部形成社会统筹。为了扩大养老资源，该方案鼓励企业建立企业年金。企业年金原称补充养老保险，一般称之为养老保障"三支柱"体系中的第二支柱，是在国家税收优惠政策的支持下，由有条件的企业为职工自主建立的一项企业养老金制度。《试点方案》将企业补充养老保险规范更名为企业年金，规定"企业缴费总额在工资 4% 的部分，可以从成本中列支"。

2005 年 12 月，国务院颁布了《关于完善企业职工基本养老保险制度的决定》，明确规定今后养老保险制度的主要任务是确保基本养老金按时足额发放，保障离退休人员基本生活；逐步做实个人账户，完善社会统筹与个人账户相结合的基本制度；统一城镇个体工商户和灵活就业人员参保缴费政策，扩大覆盖范围；改革基本养老金计发办法，建立参保缴费的激励约束机制；根据经济发展水平和各方面承受能力，合理确定基本养老金水平；建立多层次养老保险体系，划清中央与地方、政府与企业及个人的责任；加强基本养老保险基金征缴和监管，完善多渠道筹资机制；进一步做好退休人员社会化管理工作，提高服务水平。《国务院关于建立统一的企业职工基本养老保险制度的决定》（国发〔1997〕26 号）实施后参加工作、缴费年限（含视同缴费年限，下同）累积满 15 年的人员，退休后按月发给基本养老金。基本养老金由基础养老金和个人账户养老金组成。退休时的基础养老金月标准以当地上年度在岗职工月平均工资和本人指数化月平均缴费工资的平均值为基数，缴费每满 1 年发给 1%。个人账户养老金月标准为个人账户储存额除以计发月数，计发月数根据职工退休时城镇人口平均预期寿命、本人退休年龄、利息等因素确定。国发〔1997〕26 号文件实施前参加工作，本决定实施后退休且缴费年限累积满 15 年的人员，在发给基础养老金和个人账户养老金的基础上，再发给过渡性养老金。各省、自治区、直辖市人民政府要按照待遇水平合理衔接、新老政策平稳过渡的原则，在认真测算的基础上，制订具体的过渡办法，并报劳动保障部、财政部备案。本决定实施后到达退休年龄但缴费年限累积不满 15 年的人员，不发给基础养老金；个人账户储存额一次性支付给本人，终止基本养老保险关系。

三、中国养老保险制度存在的问题

在上一节的阐述中，我们理清了中国养老保险制度的改革历程与现状。从政府的设计初衷而言，社会统筹和个人账户相结合的部分累积制的养老保险制度兼顾了效率与公平，这是一个具有历史意义的变革。然而，在近年来新制度的运行实践过程中，在管理、监督与运营方面暴露出一系列的问题。

1. 隐性债务问题

所谓"隐性债务"是指在现收现付制向部分或完全累积制转变的过程中，已经退休的老职工和在新制度实施前参加工作、实施后退休的"中人"由于没有在工作期间形成相应的养老金积累，而现在对他们的养老金支付又是现实的，由此形成的养老保障资金缺口。我国目前的隐性负债主要由两部分构成，一是 1995 年体制改革前退休的"老人"，他们在工作期间没有基金积累；二是改革前参加工作，改革后才退休的"中人"，他们在体制改革前工作期间也没有缴纳养老基金。根据世界银行 1994 年估算的结果，按 1994 年人民币现值计算，我国隐性养老金债务规模（过渡成本总额）为 19176 亿元，其中，"老人"的隐性债务为 6813 亿元，"中人"的隐性债务为 12363 亿元。国务院体改办宏观司也曾经在 1997 年按照不同的缴费率（16%、20% 和 24%）和退休年龄变动的不同情况（是否考虑提前退休），分 5 种方案和 3 种投资回报率（4%、6%、8%）对养老保险隐性债务进行测算，得到 15 种不同的债务规模，从 18301 亿元到 108260 亿元不等。劳动和社会保障部社会保险研究所采用精算法对隐性债务规模进行了预测，测算时限为 1994—2050 年，精算结果是 28753.34 亿元。由于各研究者所选取的测算基点、测算范围和方法、假设条件和依据的资料等方面存在差异，因而，对我国转制时的养老保险隐性债务规模大小的估算结果从 18301 亿元至 108260 亿元不等。① 综合大多数研究者的倾向来看，我国旧体制遗留下来的养老保险隐性债务规模大致为 3 万亿—4 万亿元。按 3.7 万亿元缺口和平均利率为 4% 计算，每年分担的平均转轨成本将为 1600 亿元左右；如果利率提高到 5%，每年的平均转轨成本将为 1900 亿元左右。②

　　通过以上的数据我们看出，中国的隐性负债虽然总额较大，但相较于世界大多数国家而言，其占 GDP 和财政收入的比重还不算太高（参见

---

① 资料来源：中国养老金网，www.cnpension.net。
② 资料来源：中国网，www.china.com.cn。

表1-3）。而且，改革开放后我国的财政收入保持了高比例的增长态势，至2007年末已经超过5万亿元。与每年不到2000亿的转轨成本相比较，财政是有能力承担这一隐性负债的。但是，目前的问题是，至今隐性负债的产权归属不明，财政不愿为之买单，而肆意侵占本属现行缴费者所有的个人账户资金，造成了个人账户空转，部分累积制蜕变为现收现付制，这在下面还要详细讨论。应该指出的是，隐形负债的偿还有不同的方法，可以归结为系统内的增收节支和系统外的投入两大类。前者主要指扩大社会统筹资金的累积（如提高缴费率、扩大统筹覆盖面、提高收缴率等）和降低养老金支付水平（如降低养老金替代率、提高退休年龄等），而后者主要指政府的财政补偿和国有资产的变现收入弥补等。由于我国的特殊国情，目前的隐性负债主要集中于以前国有企业的范畴，因此从偿还方式来看，主要应该由财政部门弥补。目前的养老金制度中存在的系列问题，应该说隐性负债产权归属不明就是始作俑者。

表1-3　1995年部分国家的隐形养老金债务规模[①]

国家	人口（万人）	城市人口比例	隐性债务/GDP（%）
阿根廷	34	86	120
巴西	151	75	187
加拿大	28	77	121
智利	14	85	80
中国	1184	26	69
法国	58	73	216
德国	81	85	157

① 资料来源：CLSA，1998，McNally（1995），转引自韩大伟等（2000）。

国家	人口（万人）	城市人口比例	隐性债务/GDP（%）
匈牙利	10	64	213
意大利	57	69	242
日本	125	77	162
秘鲁	23	70	37
土耳其	62	61	72
美国	259	75	113

2. 人口老龄化重视程度不够

人口问题是影响一国经济社会发展的重要因素，这在实践经验和中外学者的研究中都得到了一致性的认同。我国是一个人口大国，新中国成立以来，人口政策从鼓励生育到为限制人口过度膨胀而实施严格的计划生育政策，人口出生率经历了由高转低的巨大改变；而另一方面，随着社会经济发展水平的提高。中国人口的平均预期寿命普遍延长，从新中国成立初的不到 50 岁提高到目前的 70 岁以上，老年人口比例稳步上升。

中国人口已经进入了非稳态增长阶段。目前，我国正在享受着人口红利的阶段①，世界银行东亚与太平洋地区人口发展局局长伊曼纽尔·吉米内兹在 2007 年 3 月 21 日曾经表示，目前中国经济增长的 27%得益于人口红利，与此前人口红利对日本、新加坡等国经济腾飞的贡献率相当，但是这一现象将在 10 年消失。

---

① 人口学家对"人口红利"的定义是，从事经济活动的人口不断提高带来的高生产率和高储蓄率导致的较高的资本积累。反之则成为"人口贴水"。

　　人口红利的消失，一方面会使经济的增速放缓，另一方面造成赡养率或称抚养比的上升，加大在职者的负担。中国人口老龄化问题相较于发达国家而言有自己的特点，即速度快。发达国家人口老龄化进程一般延续50—100年，而我国成年人口的过程只持续20—30年；根据世界银行在《防止老龄化危机——保护老年人即促进增长的政策》（1996）中的研究，在2020年后，我国劳动人口比例将出现下降，而老龄化步伐将大大加快。到2030年左右，中国的劳动力队伍绝对规模将开始下降；到2050年，65岁以上的老年人口届时将达到3亿人，与劳动人口的比例将达到1∶3，而1995年时该比例仅为1∶10。人口老龄化的加剧，抚养比①必将大幅度攀升，通过表1–4可见一斑，另外据相关专家的推断，我国的抚养比将在2015年左右出现拐点。表1–4中的数据呈现了我国未来几十年中养老制度运行中可能出现的巨大压力。但是，由于目前我国仍处于人口红利的阶段，虽然中央政府已经开始关注这方面的问题，但各级政府在具体实施过程中重视不够，从而产生了诸多的问题。如果说隐性负债的产权不清是始作俑者的话，那么对人口老龄化问题重视不够则是思想的根源。

---

　　① 抚养比是指人口总体中老年人口数与劳动年龄人口数之比，通常用百分比表示，用以表明每100名劳动年龄人口要负担多少名老年人。老年人口抚养比是从经济角度反映人口老化社会后果的指标之一。

表1-4　中国人口年龄结构与抚养系数变动趋势[①]

年份	总人口	劳动年龄人口 15—59岁（万人）	劳动人口年龄 人口比重（%）	65岁及以上 人口比例（%）	抚养比 （%）
2005	133401	88493	66.34	7.53	50.75
2010	138619	91764	66.20	8.06	51.06
2015	143781	93321	64.91	9.24	54.07
2020	148255	94623	63.82	11.33	56.68
2030	154450	90790	58.78	15.19	70.12
2040	157150	89316	56.84	19.88	75.95
2050	156933	86459	55.09	20.34	81.51

3. 个人账户空转严重

社会统筹与个人账户相结合的基本养老保险制度是我国在世界上首创的一种新型的基本养老保险制度。这个制度在基本养老保险基金的筹集上采用传统型的基本养老保险费用的筹集模式，即由国家、单位和个人共同负担；基本养老保险基金实行社会互济；在基本养老金的计发上采用结构式的计发办法，强调个人账户养老金的激励因素和劳动贡献差别[②]。

根据这一定义，我国的个人账户类似于新加坡和智利的完全累积制，其基本要求是该账户资金必须是实的，账户资金用于投资运营，以实现保值增值。而由于前面所谈的隐性负债和不重视人口老龄化两个问

[①] 资料来源：张二力等：《中国中长期人口发展趋势预测》，载于《全国和分地区人口预测》，北京：中国人口出版社1998年版。

[②] 中华人民共和国劳动和社会保障部网站，www.molss.gov.cn

题的存在，加之社会统筹和个人账户的管理主体合并于劳动和社会保障部一身，在社会统筹部分不足的情况下，管理机构就只能借助统筹账户和个人账户的"混账"管理的制度缺陷，挪用个人账户，把统账结合的制度变为一种融资途径，用资金总量的节余掩盖个人账户的"空账"，从而导致隐性债务显性化，个人账户空账规模迅速扩大。据劳动和社会保障部郑斯林部长透露，我国养老保险个人账户空账近6000亿元。[1] 而据相关专家测算，这一规模仍将以每年1000亿元的规模增加。因此，目前中国的统账结合的部分累积制实质上已经蜕变为名义个人账户的现收现付制。现收现付制最大的缺陷就是在人口老龄化问题前无所事事，个人账户的空账运行，使我国养老资金的累积规模受限（可以通过表1-5看出），亦使其无法通过投资运营实现保值增值，长此以往，养老金支付的潜在危机必将转化为现实危机。

表1-5　基本养老保险收支及累积结余[2]

年份	基本养老保险收入	养老保险基金支出	累积结余
1989	146.7	118.8	68.0
1990	178.8	149.3	97.9
1991	215.7	173.1	144.1
1992	365.8	321.9	220.6
1993	503.5	470.6	258.6
1994	707.4	661.1	304.8
1995	950.1	847.6	429.8

[1]　人民日报，2004年9月21日。
[2]　资料来源：《中国统计年鉴2005》。

续表

年份	基本养老保险收入	养老保险基金支出	累积结余
1996	1171.8	1031.9	578.6
1997	1337.9	1251.3	682.8
1998	1459.0	1511.6	587.8
1999	1965.1	1924.9	733.5
2000	2278.1	2115.5	947.1
2001	2489.0	2321.3	1054.1
2002	3171.5	2842.9	1608.0
2003	3680.0	3122.1	2206.5
2004	4258.4	3502.1	2975.0
2005	5093.3	4040.3	4041.0

4. 养老金无法实现保值增值

现收现付制下，养老金的资金来源主要是国家、雇主和雇员的三方缴费。随着人口老龄化程度的加剧，缴费的三方日益不堪重负，这也是引发世界范围内养老保险制度改革的一个重要原因。通过完全或部分累积制的实行，将积累的资金用于投资运营，从而取得收益，这就成为养老金的另一个资金来源渠道。以智利为例，到1999年6月，养老基金资产的61%是由投资收益形成的，39%来自缴费[1]，与之相对应，"旧制"中，雇主缴费20%，雇员缴费15%，合计35%。实行"新制"后，只要求雇员缴费10%加3%的佣金。

而从我国目前的情况来看，由于社会统筹与个人账户两类资金混账

---

[1] 宋晓梧：《完善养老保险确保老有所养》，北京：企业管理出版社2001年版，第135页。

运行，未形成足够的积累，加之我国资本市场发育不成熟、社会保险管理机构不健全、管理经验不足等原因，国家对养老金的投资方向限制还十分严格，资金投资渠道有限，在重视资金安全性的思想指导下，基本上都是投资于低风险、低收益的银行存款、国债等项目，加之银行利率多年来一直维持在低水平，养老金保值增值能力有限。

值得一提的是，2000 年 8 月成立的社保基金理事会，近年来随着股市再度繁荣，已经开始积极参与股市投资。截至 2006 年 9 月 30 日，全国社保基金资产配置中，股票投资占 23.46%，实业投资占 13.69%，固定收益投资占 54.55%，现金等价物投资占 8.30%。全国社保基金已实现收益 121.36 亿元，其间收益率为 6.01%[①]。但是，应该看到的是，社保基金理事会的总资产规模只有 2000 多亿元，而且其性质上只是一个后备基金，因此对于解决我国大规模养老金的保值增值问题不过杯水车薪罢了。

5. 企业的缴费率与企业负担问题

根据 1997 年的《关于建立统一的企业职工基本养老保险制度的决定》，由企业缴纳的基本养老保险费（包括统筹和个人账户两个部分）原则上不得超过工资总额的 20%，但针对离退休人数较多，养老保险负担过重的地区，可报劳动部、财政部审批，允许缴费额超过企业工资总额的 20%。从已参加社会统筹单位应缴纳的基本养老保险费相当于其工资总额的比例来看，1993 年为 20.4%，1994 年为 21.8%，1995 年为 22.3%。1998 年的统计表明：所缴养老保险费占工资总额 20% 以上

---

① 资料来源：全国社会保障基金理事会网站，www.ssf.gov.cn。

的省份达到 18 个。而国际上的企业缴纳基本养老金水平一般仅在 10%
左右，如美国法定养老保险是 6.2%，日本是 8.5%[①]。

　　针对以上的数据，大多数的研究者的结论是，中国企业缴费率过
高，负担过重，但笔者的看法则不尽相同。以美国为例，其基本养老金
的缴纳是以工资税的形式收取的，其纳税基数是雇员的收入总额。而我
国的缴费基数是工资总额，在具体执行中，工资总额往往比雇员的实际
收入少很多，比如大量的年终奖金甚至每月的绩效工资都未统计在缴费
基数之中，虽然缴费率很高，但最终的企业负担是否高于国际平均水平
很难判断。此外，由于未计入缴费基数的奖金等项目，在效益不同的企
业有很大的差异，一般而言，效益越差，奖金越少，在缴费率相同的情
况下，实际上造成了效益差的企业负担高于效益好的企业，从而出现了
类似于"杀贫济富"的不合理现象。

　　6. 养老金的覆盖面问题

　　随着全国城镇职工养老保险制度改革的稳步推进，全国参加基本养
老保险统筹的职工人数不断增长，2003 年参加养老保险统筹的人数达
到 11646.5 万人，比 1993 年增加 3638.3 万人，10 年间增长 45.43%。
但是领取养老金的人数也达到了 3860.2 万人，比 1993 年增加 2020.8
万人，10 年间增长 109.86%[②]。

　　缴费人数增幅小于领取人数增幅，说明了养老金的收支缺口较大，
缴费者负担加重。但是，这一现象与前文所谈的我国正处于"人口红
利"阶段的论述相悖。究其原因，主要是养老金覆盖面难以扩容所造

---

①　资料来源：中国养老金网，www.cnpension.net。
②　资料来源：中华人民共和国劳动和社会保障部网站，www.molss.gov.cn。

成的。目前，我国城镇职工养老保险所覆盖的主要是国有企业，虽然改革开放以来民营企业和三资企业发展速度很快，但是，其参与热情却极低，尽管国家三令五申要求所有企业都应该为其员工购买"五保一金"（即养老、失业、工伤、医疗、生育、住房公积金），但很多非国有企业仍我行我素，这不能不说是我国法律制度不健全所致。然而，我们需要探究这一现象的深层次原因，非国有企业的消极态度与我国基本养老保险制度缺乏激励机制有直接的关系，在当前的制度安排下，参保人员缴纳的保险费大部分被用来支付已经退休人员的退休金，由于现在领取退休金的人员大多是国家企事业单位职工，这实质上将本该是财政的负担转嫁到包括非国企的所有缴费者身上，用扩大覆盖面的手段缓解养老金支付压力实际上是一种"寅吃卯粮"的办法，并不能从根本上解决问题。同时，国家没有对非国有企业的缴费做出制度化的、具备法律效力的养老金承诺，养老保险管理的信息披露机制不完善，管理透明度不高，在这种情况下，非国有企业当然缺乏动力和积极性参保，或者想法逃缴、少缴。

7. 基本养老金的替代率与补充养老保险问题

替代率是指退休人员人均养老金占在职职工的人均工资的比例，其数值越大，表明退休人员的养老金待遇水平越高，相应的养老金支付越多。养老金替代率究竟多高为适度，要依许多因素而定。其中主要有国家养老保险改革目标、养老金给付的指数调节、地区居民的生活水平、个人的经济承受能力等。很多发达国家的养老金替代率都不是很高，例如美国 1975 年为 58%，1980 年为 66%；日本 1975 年为 39%，1980 年为 61%；瑞士 1975 年为 60%，1980 年为 55%；德国 1975 年为 51%，

1980 年为 49%；意大利 1975 年为 61%，1980 年为 69%。因此，从世界范围内分析养老金替代率一般在 60% 左右。[①]

1997 年中国养老金的平均替代率为 86%，其中个别省份，如山东、辽宁，甚至超过了 100%，这在世界上都是罕见的。造成这一现象的原因主要有由于我国收入统计方面很多时候无法把很多的隐性收入纳入其中，加之前文所谈我国企业缴费的基数本就是工资总额而非全部收入，造成在职职工收入统计数字偏低。

目前从改革的方向看，基本养老金中的基础养老金部分，被确定为社会平均工资的 20%，而个人账户养老金的发放由其账户资金余额折算，最终是基本养老金的替代率维持在约 60% 的水平，当然这需要未来的事实加以印证。

为在不增加财政负担的前提下进一步提高退休人员的生活水平，我国正在积极鼓励补充养老保险，其主要部分是企业年金。自 21 世纪开始，在国家政策的指引下，我国企业年金事业又有了较快发展，但在省市级单位中，已经出台了企业年金具体实施办法的只有上海、四川、江苏、辽宁、深圳等几个地方。在行业方面，依然是铁道、电力、邮政等几个企业争取主动，建立了企业年金制度，制定了具体的企业年金运作程序。因此，总体上看，我国企业年金还处在成长期的起步和探索阶段。此外，从行业的角度看，电力、石油、石化、民航、电信、铁道、银行等传统国有垄断性大型企、事业单位依然明显高于其他行业，2019 年底，电力行业积累就达到 168.5 亿元。[②] 垄断行业的过高收入问题本

---

① 资料来源：中国养老金网，www. cnpension. net。
② 资料来源：中证网，www. cs. com. cn。

就是近年来社会舆论关注的焦点，若相关政策支持其发展企业年金，无异于继续加大了收入的差距，因此在补充养老保险方面也需要加以相应的控制，笔者尤其不赞成对年金建立实行税收优惠。近年来，人力资源与社会保障部也逐步建立了企业年金的职业年金制度，该问题逐渐得到解决。

四、中国养老保险的制度分析与现实选择

通过对中外养老保险制度的历史与现实的研究，我们认为我国目前的"统账结合"的基本养老制度是一个较好的选择，但是也不能忽视实际运作中出现的系列问题，本节将从分析养老金改革中的制度层面入手，阐释中国养老金的现实选择。

（一）中国养老保险改革的制度分析

19 世纪末，德国首倡的养老保险俾斯麦模式，经过多年的发展，尤其是 20 世纪下半叶，养老保险模式出现了多样化的趋势。当今世界，不仅有俾斯麦模式、国家保险模式，还有"福利国家"的英国模式、"中央公积金制"的新加坡模式、"个人储蓄养老账户制"的智利模式、"社会统筹与个人账户相结合"的中国模式。从筹资方法上看，也有现收现付制、部分累积制和完全累积制之分。养老保险模式的多样化，实质上是一个制度变迁的过程。在这一过程中，各国不再如过去那样亦步亦趋地简单模仿，而是结合本国国情，综合考虑制度变迁的成本与收益，最终形成自己的养老保险模式。

从我国的实践情况看，需要考虑的是如何发挥好养老金制度的功能，最终实现包括养老金在内的经济和社会的可持续发展。养老金制度的功能或说效应的分类很多，究其实质，主要是再分配和储蓄两个。

1. 再分配功能——公平与效率的关系

养老金制度的再分配功能有两层含义，一是代内分配，即通过规定缴费率和养老金收益标准，通过确定收益资格、收入界定等，实现收入在不同社会阶层和社会群体中的转移，如高收入者的收入向低收入者转移等。二是代际再分配，即依靠当前一代人的缴费为退出劳动领域的一代人提供养老金收入的方式，实现代与代之间的收入转移，使在不同宏观经济条件下收入受到不同影响的数代人可以通过养老金得到收入的再分配，也就是不同代的人可以分享不同宏观经济条件下的养老金。

社会养老保险从其问世伊始，这种代内和代际间的再分配功能就被发挥得淋漓尽致，其具有互助互济、保障公平的特色。尤其是继 1948 年英国宣布建成"福利国家"模式之后，不少发达国家纷纷效仿，采取广福利、高福利的做法，将"公平原则"发挥到无以复加的程度。但随着经济发展的减速和人口老龄化，"福利国家"制度这种只讲公平，不计效率做法的弊端日渐凸显。其一，把劳动者、公民养懒了，人们宁愿领丰厚的保险金，也不愿从事所谓的脏活、累活、重活，效率自然降低了。其二，为了推行高福利，政府不得不搞"羊毛出在羊身上"，大幅度地征税，以税收抵补高福利支出，结果中产者、有更多资产者再不愿投资于本国，而是抽走资金转向他国，或是干脆投奔他国经营，从而严重损伤了国家的经济效益。

因此发挥养老金制度的再分配功能不能只讲公平，而不讲效率。其实，在 20 世纪 30 年代，美国建立的包含养老保险的社会保障制度就已经开始显露出关注效率的方面，美国一贯反对"社会福利"，而力主

"工作福利"，即不工作不给福利，福利按劳给付，这是社会保障中重视效率的初期实践。20世纪下半叶出现的个人养老账户制，尤其是智利模式，把效率突出到无以复加的高度，竟至砍掉了养老保险固有的公平原则，似乎是从一个极端走到了另一个极端。但无论如何，养老金制度的再分配功能发挥过程中，大多数国家还是采取了折中的办法，即公平与效率并重。但究竟是公平优先兼顾效率还是效率优先兼顾公平，则因国家的不同而异。

中国采用的统账结合模式中，社会统筹部分体现的是公平原则，而个人账户部分则体现了效率的原则。在公平与效率二者的主次关系上，有的研究者从养老金计发的角度来对之加以判断，即在目前58.5%的基本养老金总替代率中，基础养老金部分为20%，而38.5%的部分由个人账户养老金解决，因此认为我国的养老金制度采取的"效率优先、兼顾公平"，但笔者并不敢苟同。这种方法只是比较了养老金的计发，而在筹集方面，社会统筹部分由企业缴纳，占到工资总额的20%左右，而个人账户部分只占到8%，因此我们不能仅仅从一个计发的数量上加以比较，此其一。其二，也是更重要、更深层次的一个问题，公平并非"大锅饭"，公平是一个体现了所付与所得的匹配关系的概念，任何时候，它都是效率的基础环节，不论在邓小平"让一部分人先富起来"的理论中，还是在"帕累托效率"的原则中，都必须首先考虑公平。因此，结合我国社会主义的国情以及养老保险所处的是再分配领域的现实，在我国统账结合的模式中，养老金制度的再分配功能必须遵循的基本原则是"公平优先、兼顾效率"。

2. 储蓄功能——储蓄与投资的关系

养老金制度的储蓄功能是指政府通过立法强制劳动者在工作期间拿出一部分收入进行储蓄，以备退休后使用。原本储蓄是一种个人行为，是消费者对退休前和退休后的储蓄及消费行为做跨时间安排，但是总有一些短视的人，他们更注重眼前的消费而忽视未来消费，如果没有养老金制度，他们年老丧失劳动力后就会陷入困境，最终成为社会的负担。

对于养老金不同的筹资模式对国民储蓄的影响，学术界有不同的看法。美国著名经济学家费尔德斯坦（Feldstein，1974）研究了现收现付制对私人储蓄的负面效应，得出完全累积制将提高私人储蓄水平，改进经济效率的结论，并于 1980 年利用美国 1929—1971（不包括 1941—1946）年的时间序列数据进行的实证研究发现，美国当时的现收现付制度大约减少了个人储蓄的 50% 和资本投资的 38%。而艾伦（Aaron，1982）认为，累积式的养老保险制度可能对储蓄有促进作用，但这个结果并不一定会发生，因为人们也许会通过减少其他形式的储蓄来抵消部分或全部养老金积累的储蓄，另外，政府也可以通过大量的财政赤字来抵消部分或全部养老金储蓄。

但从实际情况来看，费尔德斯坦等经济学家的观点似乎占据了上峰，许多否定现收现付制的国家，其改革一个重要目的正是希望通过实行累积制的养老保险制度来扭转国民储蓄率过低的局面。在实践效果上，以智利为例，20 世纪 80 年代改革之后，国民储蓄率由 1976—1980年的 16.7%，提高到 1994 年的 26.6%（朱青，2002）。

我国的国民储蓄率相较于其他国家而言一直很高，如发达国家中以高储蓄著称的日本，其储蓄率最高时也不过 35.6%（1970—1979 年平均数），而我国在 1990 年开始就超过 40% （国家间具体比较可参见表 1-6）。因此，我国的养老金制度改革中，必须考虑我国储蓄率很高这一现实，而不能盲目照搬别国经验。

表 1-6　2000 年部分国家总储蓄占国内生产总值的比重情况（%）①

国家	总储蓄占 GDP 比重	国家	总储蓄占 GDP 比重
中国	39.3	美国	19.0
印度	24.1	阿根廷	16.8
印度尼西亚	28.4	巴西	19.4
日本	20.4	法国	22.0
韩国	27.9	德国	23.5
马来西亚	49.7	意大利	21.8
菲律宾	26.7	荷兰	26.9
新加坡	57.8	西班牙	22.8
泰国	27.4	英国	16.8
加拿大	24.6	澳大利亚	22.6
墨西哥	21.1	新西兰	23.6

虽然从微观角度来看，储蓄是一种个人经济行为，但个人储蓄汇总便具有宏观效应，它成为影响投资进而影响经济增长的重要因素。因此，在考虑养老金制度的储蓄功能时，我们必须关注两个问题。

（1）储蓄率与经济增长之间，到底谁是因，谁是果？

储蓄率与经济增长之间存在正相关关系已经是不争的事实，但对于二者因果关系的认识上却存在着极大的分歧。经济增长理论认为储蓄率

----

① 资料来源：《世界统计年鉴 2002》。

的提高无论从短期（新古典增长理论）还是长期（罗默、卢卡斯各自的新增长理论）而言都会提高经济增长率，即储蓄率是因，增长是果。而莫迪利亚尼则持相反的观点，其生命周期模式认为，随着经济增长率的提高，在人的生命周期内，年轻人的收入增加会大于老年人，而前者的边际储蓄倾向大于后者，从而带来了高的储蓄率。在实证研究方面，世界银行的观点也支持了莫迪利亚尼的观点。针对20世纪60年代东亚及东南亚地区的快速发展和储蓄率的提高，世界银行根据其中8个国家和地区的储蓄率和经济增长率的数据，进行了Granger因果关系检验，结果表明，除新加坡和马来西亚外，经济增长一直是印尼、日本、韩国、泰国、中国台湾地区储蓄增长率的一个很好的晴雨表，但储蓄率不是经济增长的良好预测表（世界银行，1997）。

当然，我们认为，不同理论和研究并非绝对不相容，还没有学者会完全否认储蓄对经济增长的贡献，其分歧的焦点在于储蓄对经济增长的贡献大小，即政府为了经济增长而实施的鼓励储蓄政策的有效性。因此，在我国养老金制度变迁的过程中，也必须关注这个问题。

（2）必须关注储蓄向投资的转化路径

凯恩斯曾指出，储蓄的增加只是回答了如何创造新财富这个问题答案的一半，另一半答案是投资过程，这个过程可以培育能够有效生产商品和输出劳务的企业。事实上，储蓄率对经济增长的影响是通过投资这个中介实现的。从我国的实际情况来看，改革开放以来中国的快速增长过程中，资本积累一直起到了主要的推动作用（参见表1－7），虽然近年来我国政府一直关注科技进步和自主创新，但是鉴于薄弱的基础和我国作为制造业大国的事实，在短时间内技术进步的贡献率不大可能超越资本积累。

表 1 - 7　我国经济增长因素分析

年份	资本		劳动		全要素生产率	
	增长率	贡献度	增长率	贡献度	增长率	贡献度
1979—1983	7. 52	49. 3	2. 88	6. 62	3. 35	44. 1
1984—1988	8. 03	51. 7	1. 914	5. 93	3. 86	42. 5
1989—1993	8. 63	54. 3	1. 68	5. 54	3. 51	41. 1
1994—1998	11. 49	57. 6	1. 33	5. 02	3. 27	37. 4
1999—2010	9. 2	60. 1	0. 71	4. 8	3. 12	35. 1
2011—2020	6. 85	64. 4	0. 25	1. 3	2. 88	34. 3

资料来源：武剑（1999）

因此，目前中国真正需要的并不主要是储蓄，而是合理、有效的投资项目，多年来我国银行业的惜贷现象就是对这一问题很好的说明。对于目前实行的统账结合的养老保险制度，个人账户所累积的资金，必须要有良好的投资渠道，实现保值增值。由于股市存在系统性风险，我们要进行适当的投资组合，并积极入主相应的国有经济部门，实现养老金、资本市场、国有经济的良性互动。这个问题也是本书的核心之一，这在以后的章节还会详细探讨。

（二）中国养老保险制度的现实选择

社会统筹与个人账户相结合的基本养老保险制度的建立，符合我国国情，其改革的方向是值得肯定的。面对人口老龄化日益加重、人口红利的窗口即将关闭的客观现实，如何在制度的运行中，有效发挥好其再分配和储蓄的功能，最终实现养老金的可持续发展和构建和谐社会，笔者认为还需要做出如下的现实选择。

1. 处理好养老金体系中各个层次的关系

从目前制度的规定来看，中国的养老金体系主要包括了两个方面，一是基本养老保险，二是补充养老保险，其中前者包括了由社会统筹形成的基础养老金和个人强制缴费形成的个人账户养老金，而后者主要包括企业年金和个人储蓄形成的其他补充形式。应该指出的是，虽然社会统筹和个人账户在我国合并为基本养老制度，但是，由于其在性质、功能、目标及运营模式等方面的不同，实际上是两个泾渭分明的不同层次，因此，笔者将我国的养老金体系归纳为三个层次，即基础养老金、个人账户养老金、补充养老金，此外，还有社会保障基金，它是国家建立的一种后备基金。

（1）基础养老金

基础养老金是由政府出面，通过强制性缴费筹集资金，并与就业相关联确定养老金给付，具有在代际之间以及代内高低收入者之间进行收入再分配的功能。其有四个方面的特征，一是以政府信用作保证，通过国家行政强制实施并由政府直接操办，通过雇主和雇员缴费进行筹资，国家主要起着总担保的责任；二是实行"以支定收，现收现付，统一收支，代际互济"的基金管理方式；三是资金筹集方式上实行现收现付，即在职一代人缴纳的养老保险费直接用于支付当期退休者的养老金；四是养老金待遇一般是确定的，按照参保人员退休前工作年限和工资水平发放或按统一的标准平均发放，与缴费多少没有直接的关系。

在资金筹集方面，目前中国的基础养老金主要通过社会统筹，来源于参保企业的缴费，缴费率为工资总额的 20% 左右（具体数值由各省、自治区、直辖市确定)。鉴于前文所谈的我国养老保险制度中的缺陷，笔者认为资金筹集上应该采用以税代费的方法，比如借鉴美国的工资税的形式筹集，并在纳税基数的确定上应该明确为企业职工的全部收入，同时扩大制度的覆盖面，将大量的非国有企业纳入基础养老保险的体系之中。

在资金的投放方面，由于实行的是以支定收的现收现付制，一般而言不会有太多的资金结余，因此基础养老金较少涉及投资的问题，即便有暂时的资金结余，可以通过存入商业银行或购买国债的方式解决。

在资金的发放方面，目前我国确定的标准是缴费期满 15 年以上的退休人员，发放数额为社会平均工资的 20%。可以看出，其主要的作用是保障退休人员的基本生活要求，可以规避养老基金的通货膨胀风险、投资风险及长寿风险，有效地解决低收入老年人的贫困问题。

(2) 个人账户养老金

作为第二层次的个人账户养老金，通过强制缴费，建立个人账户，使参保人退休后的所得与缴费数量形成对应关系，实行多缴多得、少缴少得、不缴不得的原则，发挥着养老金的储蓄功能，体现了效率的原则。从其产权角度来看，应为参保人个人所有，但由于收支的时间差较大，会形成巨大的资金结余，由此产生了投资运营的要求，因此从个人账户养老金的整体而言，其产权应该是全体参保人共有，当养老金的覆盖面扩大至大多数中国公民的时候，完全可以采取国家代理所有的形式以实现帕累托改进，交由国资委进行监管。

在资金筹集方面，目前我国的规定是企业代收代缴职工工资总额的 8%，存入个人的养老金账户，实行完全累积制。鉴于前文所谈我国个人账户空转严重的问题，当务之急是尽快做实个人账户，避免向现收现付制的蜕变，以应对日益严重的人口老龄化现象。此外，笔者认为，个人账户养老金应该成为参保人的一种投资工具，在缴费数量上不应该设置上限，当然这需要做到资金的良好运作，这在后文中将详细探讨。

在资金运营方面，由于完全累积制下会积累数额巨大的现金结余，因此必须做好投资运营工作，通过恰当的投资组合，将资金投放于国债、银行存款、金融及企业债券、股票方面，同时结合中国社会主义的现实国情，积极向国有经济注资，实现个人账户养老金和国有经济的双赢局面。

在资金支付方面，我国目前的规定是，个人账户养老金月标准为个人账户储存额除以计发月数，计发月数根据职工退休时城镇人口平均预期寿命、本人退休年龄、利息等因素确定。如果领取者死亡时账户有余额，可以按确定的比例继承。基本养老保险个人账户储存额，每年参考银行同期城乡居民储蓄存款利率计算利息。目前我国基本养老金的替代率目标是60%左右，可以看出，个人账户养老金的发放主要是为了在基础养老金的基础上提高退休人员的生活水平。

（3）补充养老金

我国的补充养老金主要包括企业年金、个人储蓄性养老保险、商业性人寿保险、互助性补充保险和家庭养老方式等。

其中企业年金更多的是一种企业行为，有利于企业吸引和留住优秀人才，增强企业的凝聚力。鉴于前文所指出的，我国目前的企业年金制度多施行于垄断性行业，因此笔者不赞成对该制度实行过多地优惠，否则会进一步加大行业间收入水平的不合理差距。此外，中国目前正处于经济转型时期，经济体制改革的不断深化将促使社会就业结构发生较大变化，劳动力流动性增强，过多的实行企业年金制度会阻碍劳动力的合理流动，因此企业年金只能作为我国养老金制度的一个补充成分，而不能越俎代庖。

个人储蓄性养老保险、商业性人寿保险、互助性补充保险、家庭养老方式这四种方式，主要是居民的一种个人行为，作为养老保障的补充形式。其中，笔者认为中国目前还是应该关注家庭养老这一方式。家庭养老是最古老的一种养老模式，而且与一国的文化模式和民族习惯有关。就我国的情形而言，家庭养老可以说是补充养老保险的一种有效形式。孝敬父母本就是中华民族的传统美德，作为一个 14 亿人口的大国，目前正处于社会主义初级阶段，经济发展水平低，人均收入少，老有所养是老年人生活中头等重要的大事。仅就近年来城市老年人而言，其主要的经济来源有三个：第一是养老金，享受人数，男性占 75.5%，女性占 53.8%；第二是子女供养，享受人数，男性占 5.2%，女性占 36.9%；第三是劳动收入，其中男性占 19.3%，女性占 9.3%。① 可见，城市老年人的生活，除了养老金外，相当一部分人，尤其是女性的生活还要靠子女供养。

（4）社会保障基金

2000 年 8 月，党中央、国务院决定建立"全国社会保障基金"，同时设立"全国社会保障基金理事会"，负责管理运营全国社会保障基金。全国社会保障基金是中央政府集中的社会保障资金，是国家重要的

---

① 何平：《社会保障概论》，北京：中国劳动社会保障出版社 2004 年版，第 114 页。

战略储备，主要用于弥补今后人口老龄化高峰时期的社会保障需要。

根据 2001 年 12 月 13 日公布的《全国社会保障基金投资管理暂行办法》规定，全国社会保障基金的来源包括：中央财政预算拨款、国有股减持划入资金、经国务院批准的以其他方式筹集的资金、投资收益、股权资产。全国社会保障基金理事会为国务院直属正部级事业单位，是负责管理运营全国社会保障基金的独立法人机构。其主要职责是：管理中央财政拨入的资金、减持国有股所获资金及其他方式筹集的资金；制定全国社会保障基金的投资经营策略并组织实施；选择并委托全国社会保障基金投资管理人、托管人，对全国社会保障基金资产进行投资运作和托管，对投资运作和托管情况进行检查；在规定的范围内对全国社会保障基金资产进行直接投资运作；负责全国社会保障基金的财务管理与会计核算，定期编制财务会计报表，起草财务会计报告；定期向社会公布全国社会保障基金的资产、收益、现金流量等财务情况；根据财政部、劳动和社会保障部共同下达的指令和确定的方式拨出资金；承办国务院交办的其他事项。

应该指出的是，社保基金毕竟是一个后备性的战略储备资金，它并非我国养老金体系的必然组成部分，而且规模很小，我们并不指望其能完全应对人口老龄化高峰期的所有支付风险，作为我国多层次的养老金体系，一、二层次的基础养老金和个人账户养老金才是最重要的主体和构成要素，只有做好这两方面的工作，才能实现养老金的职能、促进社会、经济的可持续发展。

2. 构建合理的管理与运营主体

从前面的分析我们看出，基础养老金和个人账户养老金在性质和功能方面都是不同的，那么在管理和运营中也必须做到泾渭分明，其管理与运营主体必须分开，而不能合一。两类养老金虽然其最终都是为了保障退休人员的生活需要，但是从公平与效率的关系上看，基础养老金关注更多的是公平，而个人账户养老金关注更多的是效率。此外从二者的筹资模式、资金结余及投资运营的角度分析，现收现付制的基础养老金采取的一收一支的资金运动方式，加之基本没有结余，所以其较少存在投资运营的问题或者说投资运营的难度较低；而完全累积制的个人账户养老金采取的循环周转的运动方式，由于缴费者缴纳与领取养老金时差很长，因此可以产生巨大的资金结余，在此期间进行有效投资运营不仅可行，而且是相当必要，通过有效合理投资取得的收益不仅可以增加养老金的资金总额，而且能够减轻在职人员的负担和提高退休人员的生活水平，这对于社会和经济的可持续发展都有着重要的作用。

正如郭复初教授在分析财政与财务的关系中，就曾尖锐地指出以往"财政二元化"时期，财政要兼顾社会效益和经济效益两个目标，"这两种管理目标在社会资源有限条件下存在相悖的关系……财政虽然'二元化'，但它主要职能是社会行政管理职能，主要是追求社会效益目标，当两种目标发生冲突时，财政总是牺牲国有资本投资，保行政事业开支，这是改革开放二十多年财政收支历史演变所证实了的"①。"财政二元化"弊端的克服是通过成立国有资产监督管理委员会的方法解决的，那么按此思路，对于目前基本养老金中的种种缺陷，尤其是统筹账户和个人账户的"混账"管理、个人账户空转、养老金覆盖面难以

---

① 郭复初：《财务新论》，上海：立信会计出版社 2000 年版，第 68 页。

扩容等问题，笔者认为应该对两种账户实行"分账"管理，使两类资金有不同的管理和运营主体。

在具体的运作中，笔者认为基础养老金的管理主体仍由目前的劳动和社会保障部担任，由于此类资金不存在经常性的结余，其投资运营的技术难度很低，只需将之存入国有商业银行或通过购买国债的方式，主要保证资金的安全性。因此，其运营主体也可以由劳动和社会保障部内部相关司局来担任。对于个人账户养老金，实现资金的保值增值是第一位的目的，加之具有共有产权的特征，从目前的具体情况来看，国资委有可能、有必要、也有能力成为其合格的管理主体，这在第三章中还要详尽阐释。而对于这笔巨量资金的具体投资运营，应该进行有效投资组合，分别成立相应的运营主体，对于资本市场中的投资可委托合格的基金公司运营，而在国有企业中的投资，由国资委下属的投资公司运营。

3. 妥善处理隐性负债问题

隐性负债是我国养老金诸多弊端的源头性问题，因此要实现我国养老保险制度的可持续发展，必须对之加以妥善处理。笔者认为，关键是要解决两个方面的问题，一是债务人的确定，一是负债的弥补办法。

（1）隐性负债的债务人

目前我国隐性负债的总额很大，但是其产权归属不明，在统筹账户和个人账户"混账"管理的情况下，出现了恣意挪用个人账户资金偿还隐形负债的现象。因此，明确隐性负债的债务人是首先要解决的问题，笔者认为这个债务人当然就是财政部，原因有两个。

其一，财政部应该是债务人。各国隐性负债问题产生的原因都是现收现付制向累积制转变过程中，"老人"和"中人"在工作期间未形成相应的积累。但是，就我国具体国情而言，计划经济年代，我国一直实行低工资、高福利的政策，劳动者在得到微薄的工资之前，已经进行了六项扣除，其中也包括了养老的费用。但是，当时并未以基金的形式累积起来，而是把相当一部分通过财政预算投资形成了国有资产。因此，转轨过程中，必须承认老职工曾经为国有经济所做出的巨大历史贡献，必须由国有资产解决退休职工的养老问题。而如今有资格领取养老金的人员绝大多数都是以前国企退休的职工，因此财政部理所应当成为隐形负债的债权人。也只有如此认定，方可打消非国有企业及其员工的顾虑，积极参加到养老金制度之中，实现养老金覆盖面的扩容。

其二，财政部有能力成为债务人。改革开放为我国经济发展注入了强大的动力，30年来GDP一直保持着高速增长的态势，由于税收增加和国企效益的改善，近年来我国的财政收入亦在激增，到2007年末已经超过5万亿元（具体数据见表1-8）。正如前文所指出的，相对于每年不到2000亿元的隐性负债，我们认为中国财政是有能力偿还这笔债务的。

表1-8 中国历年财政收入①

年份	财政收入（亿元）	增长速度（%）	财政收入占国内生产总值的比重（%）
1978	1132.26	29.5	31.1
1980	1159.93	1.2	25.5
1985	2004.82	22.0	22.2
1989	2664.90	13.1	15.7

① 资料来源：《中国统计年鉴2007》

续表

年份	财政收入（亿元）	增长速度（%）	财政收入占国内生产总值的比重（%）
1990	2937.10	10.2	15.7
1991	3149.48	7.2	14.5
1992	3483.37	10.6	12.9
1993	4348.95	24.8	12.3
1994	5218.10	20.0	10.8
1995	6242.20	19.6	10.3
1996	7407.99	18.7	10.4
1997	8651.14	16.8	11.0
1998	9875.95	14.2	11.7
1999	11444.08	15.9	12.8
2000	13395.23	17.0	13.5
2001	16386.04	22.3	14.9
2002	18903.64	15.4	15.7
2003	21715.25	14.9	16.0
2004	26396.47	21.6	16.5
2005	31649.29	19.9	17.3
2006	39373.20	24.4%	17.2

（2）隐形负债的弥补方法

从国外经验看，隐形负债的弥补办法包括系统内的增收节支和系统外的投入两大类。前者主要指扩大社会统筹资金的累积（如提高缴费率、扩大统筹覆盖面、提高收缴率等）和降低养老金支付水平（如降低养老金替代率、提高退休年龄等），而后者主要指政府的财政补偿和国有资产的变现收入弥补等。鉴于上文指出，我国的隐性负债的债务人是财政部，因此，笔者认为我国可行的弥补办法主要有以下两种。

一是国有资产的变卖收入和国有股的划转。目前国有资产的变卖主要由国资委执行，其收益纳入了财政收入，应该拿出一部分来弥补统筹资金的不足。近年来我国房地产行业飞速发展，地价飙升，作为国家所有的土地出让收入，应该专款专用，除用于改善城镇居民的居住条件外，也可以专门确定一定比例用于弥补隐形负债。此外，十几年来我国股市得到了长足发展，但上市公司主要是国有企业，且存在着国有股一股独大及不能流通的问题，我国的股市一直处于畸形发展的态势之中。近年来，我国政府一直在尽力解决这一问题，目前股权分置改革也基本完成，在此期间，减持国有股是一个重要的方面。2001 年 6 月，我国政府推出国有股减持充实社保基金的方案，虽然取得了一定的成果，但是对股市造成了巨大冲击，动摇了股民信心，引致了四年的熊市。因此，在偿还方式上，笔者认为应该通过把国有股划转到相关机构，一方面可以充实个人账户资金并通过运营、转让收入偿还隐形债务，另一方面可以避免对股市失血，通过养老金与资本市场的良性互动达到双赢。

二是发行特种国债、社会捐赠和福利彩票。国有股减持主要通过划转的方式，不可能短期筹集足够的资金解决目前退休人员的基础养老金问题。解决养老金的短期支付问题一个较好的途径是发行特种国债，减轻财政困难的同时也为个人账户资金提供了一个安全的投资工具。这个问题将在第四章展开详细探讨。此外，社会捐赠和彩票收入也可以从一定程度上解决短期的支付问题。社会捐献是以自主自愿的方式筹集社会保障基金的一种形式。社会捐献作为社会保障基金的来源渠道之一，由社会保障机构根据实际需要使用；或者根据某些特定事件或特定对象的需要，临时采用直接筹款、义演、发行彩票等方式向社会募捐。彩票收入也是社会保障基金辅助来源渠道之一，在社会福利中彩票收入占的比重很大。一般情况下，彩票收入中的55%为奖金，15%为成本，大约30%可以资助社会公益。

第二章　个人账户养老金的
属性、职能、目标与主体分析

一、基本养老金的属性分析

"属性"指事物本身所具有的性质和特点。对基本养老金的属性进行系统分析，可以为后文进一步阐述其筹集、投资、分配和监控问题做好理论上的准备。笔者认为，基本养老金具有财政与财务双重属性，而个人账户养老金具有明显的财务属性。

（一）财政与财务的关系

按照唯物辩证法的观点，经济范畴之间存在着普遍的联系。财政与财务作为两种不同的经济范畴，其二者之间存在着密切的联系。研究并正确处理二者的关系，这些关系，对于搞好财政与财务的各项管理工作，发挥其在国民经济宏观调控中的配合与协调作用具有重要的意义。

1、对"财政"这一经济范畴的阐释

从人类历史的发展历程来看，财政活动是一种历史悠久的经济现象。仅以我国古代为例，"国用""国计""度支""理财"等名词在很多古籍中出现，实质上就是关于当时的财政和理财之道的记载，其管理机构一般使用的是"治粟内史""大农令""大司农"等词语。当然，财政一词在中国的最早使用却晚在 1898 年戊戌变法的"明定国事"诏书之中，且这是一个源于日本的外来词，而日语中该词则是来自英文的 public finance 一词。在我国当今的学术界，对 public finance 的中文翻译，采用了意译和直译两种方法，意译译为财政或财政学，而直译则译为公共财政或公共财政学。从用语角度出发，加上"公共"两字有画蛇添足之嫌，因为财政其本身就是指国家之财，内含公共的意思。当然，当今学术界采用直译的方法，主要是为了对财政的职能进行较为准确的定位，以区别于计划经济年代的财政统管理论。

作为一种经济范畴，财政是一种经济行为或经济现象，是国家或政府集中一部分国民生产总值或国民收入的收支活动[1]，它以国家政治权利代表的身份去进行利益分配，其基本要求是为实现国家政治职能服务[2]。因此，在收入及利益的分配中，财政应该做到三个方面，其一是保证上层建筑的存在、巩固与发展；其二是满足社会福利事业与必要财政补贴的需要；其三是为国民经济发展提供公共设施与基础建设[3]。对于财政功能的理解，受外国公共财政理论影响，多数学者认为财政具有资源配置、收入分配和稳定发展经济的职能，却一般性地忽视了财政为上层建筑的存在提供财力支持的职能。因此，在收入及利益分配方面，财政不但要做到涵盖上述三个方面，而且存在一个优先满足顺序的问题，即一定时期内，财力既定的情形下，先要保证各种上层建筑的存

---

[1] 陈共：《财政学》，30 页，北京，人民大学出版社，2000。
[2] 郭复初：《财政统管论的问题与国家财务的独立》，《财经科学》1992 年第三期。
[3] 同上。

在、巩固与发展，因为这关系到国家的生存问题；财力有可能，再满足第二分配层次，即发展社会福利事业和精选财政补贴，这关系着社会的稳定问题；财力再有可能，才进行基础设施与公共设施建设。这种情况在战争时期以及经济调整时期表现得尤为明显。对于本书研究的养老保险资金问题，可以看出是属于财政分配的第二个层次，而从目前我国养老制度的发展来看，由于计划经济体制的影响，至今财政仍将很大的财力用于建设性支出，而把社会保障、养老等问题推给了企业和家庭，这明显不符合现代财政理论，在现实中也不利于经济发展和社会稳定。这一问题，笔者在后文中还会做更为详尽的分析。

2、对"财务"这一经济范畴的阐释

财务属商品经济的范畴，是随商品生产与交换的产生而产生、发展而发展的。早在原始社会中期，畜牧业从农业中分离出来，形成第一次社会大分工，由于交换而产生了货币，也孕育着财务的雏形。到原始社会末期，"人类进入文明时代以后，出现了第三次社会大分工，创造了一个不从事生产而只从事商品交换的阶级——商人。"① 商人所从事的资金投入与收入活动包括了资金的筹集、投放、耗费、收入与分配等内容，而追求的最终目标是资金的增值。正如马克思所指出的，"G—W—G 这个过程有内容，并不是因为它的二极（都是货币）在性质上有差别，而只是因为在数量上有差别。最后从流通中取出的货币，会比原来投入的货币更多。……所以这个过程的完全形式，是 G—W—G'。在其中 $G' = G + \triangle G$，那就是等于原来垫付的货币额加一个加量。"② 可以

① 许涤新主编：《政治经济学辞典》（上），50 页，北京，人民出版社，1980.

② 马克思：《资本论》，北京：人民出版社 1965 年版，第 138 页。

看出，第三次社会大分工后财务范畴已经基本形成。经历了奴隶社会、封建社会的历史变迁，到资本主义社会，随着劳动力成为商品，资本家的资金以资本的形式出现，其财务活动表现为资本的筹集、投资、耗资、收入与分配活动，即资本的投入收益活动。在社会主义社会，企业的资金仍然是垫支于劳动对象、劳动手段、劳动力这三大生产要素，其财务活动和资本主义企业并无本质上的区别。因此，在当今世界，财务已经内涵于社会的各个方面，包括了企业财务和家庭理财，其目标都是收益的最大化。

应该指出的是，国外财务学界的共识是财务是一个微观层面的经济范畴，其主要研究的是企业财务。这种观点也深刻影响了国内的学术界，从目前主流观点来看，财务管理的内容主要包括了公司理财和投资学。这种观点在以私有制为基础的资本主义国家，勉强说的通，但是在社会主义市场经济的条件下，是有失偏驳的。目前我国以国有经济作为主导，基本经济活动是进行商品生产与交换，其生产经营要素商品化，决定了经营性国有资产的资本化。国有经济的运行过程既是商品化的生产和交换过程，也是国有资本的投入和收入过程。国有资本投入与收益活动的客观存在，说明其本身是一个宏观的财务问题。此外，按照马克思的国家权力学说，国家可以同时具有财产权力（所有者权力）和政治权力这样两种权力[1]，因此国家同时具有了两种身份，即生产资料所有者和政治权力所有者身份。在社会主义市场经济条件下，为了发挥市场配置资源的基础作用，必须贯彻"政企分开"的原则，要求将国家

---

① 《马克思恩格斯选集》第1卷，北京：人民出版社1972年版，第170页。

的双重身份分开，生产资料所有者身份由国有资产专职部门担任，政治权力所有者身份由政府社会行政管理部门担任，即"政资分开"，这是第一层次的"两权分离"。按照社会化大生产的规律，国有资产专职部门作为生产资料的终极所有者，不能直接从事生产经营活动，必须与从事生产经营活动的企业法人相分离，这就是终极所有权与法人财产权的分离，是第二层次的"两权分离"。经过这两次分离，国有经济内部自然形成了两个层次的财务：一是国家作为生产资料终极所有者的财务，即国家财务；二是拥有国有资本的企业财务，即国资企业财务。[①] 前者属于宏观财务，后者为微观财务。

3、财政与财务的关系

根据传统的理解，财政与财务的关系，属于宏观层面与微观层面的问题，由于本书采纳了国家财务的观点，在此笔者主要分析财政与国家财务的关系。

（1）二者的区别

第一，二者产生的依据不同。前文已经提及马克思曾提出过国家拥有财产权力（所有者权力）和政治权力两种权力，同时具有生产资料所有者和政治权力所有者两种身份。财政以政治权力为依据去参与各种不同所有制企业劳动者所创造价值的分配，在性质上属于社会行政管理者与经营组织或个人间的分配关系，是涵盖了国有与非国有经济在内的国民经济的分配活动。国家财务是以生产资料所有权为依据去参与国有企业劳动者所创造价值的分配，在性质上属于所有者与经营组织之间的

---

① 郭复初领著：《财务专论》，上海：立信会计出版社 1998 年版，第 38 页。

产权关系，是国有经济内部的分配活动。从目前我国对于国有资产监管的相关规定。"各级人民政府应当严格执行国有资产管理法律、法规，坚持政府的社会公共管理职能与国有资产出资人职能分开，坚持政企分开，实行所有权与经营权分离。国有资产监督管理机构不行使政府的社会公共管理职能，政府其他机构、部门不履行企业国有资产出资人职责。"① 由此可以看出，我国已经建立泾渭分明的财政与国家财务分别管理的部门与体系。

第二，二者参与国民收入分配的方式与追求的目标不同。财政是对国民收入的再分配，而国家财务是对国民收入的初次分配；财政分配涉及各种经济成分，而国家财务分配限于国有经济内部；财政分配由国家财税部门负责，而国家财务分配主要由国有资产监督管理委员会及其所属各种国有资产经营公司负责。此外，财政的职能虽然有很多的表述方法，但是归根结底，其主要追求社会效益的目标，其资金运动主要包括了税收和财政支出两个方面，具有公共性、强制性与无直接偿还性的特点。而国家财务的资金运动本身包括了国有资本的投入和收益分配两个方面，体现了周转性和增值性的特点，其追求的目标主要是经济效益目标。

第三，二者的作用机制不同。经济机制是指"一种由相互联系、相互制约的特定部分所构成的经济活动体系，它具有对社会再生产运行的某一方面的调节和控制的功能"②。财政机制和财务机制作为两种不

---

① 《企业国有资产监督管理暂行条例》，北京：中国法制出版社2003年版，第3—4页。

② 郭复初：《财务调节与控制》，成都：西南财经大学出版社1988年版，第13页。

同的经济机制，其作用原理是不同的。财政机制是对企业已实现的新增价值的一部分进行再分配性调控，其调控的过程、力度以及调控目标的实现必须考虑企业承受能力并有利于增强企业活力；而财务机制调控社会再生产过程中的价值的形成、实现和价值的初次分配，为新增价值的再分配提供了前提。此外财务机制贯穿了宏观经济和微观经济两个领域，这不同于财政机制仅仅处于宏观经济领域，后者对微观经济的调控作用是间接的，不如财务机制那么直接。

第四，资源配置的对象不同。20 世纪 90 年代以前较为流行的财政二元论认为："社会主义国家财政除了服务于政权需要外，还担负其组织公共资金和安排社会主义再生产的职能。显然，社会主义财政实际上是二元的。"[1] 这样财政既是"管理型"的，又是"经营型"的。所以"公共财政与国资管理这两个方面内容即是财政的两个组成部分，主体是一个，即以国家为主体"[2]。虽然该理论当今已经不再流行，但是，其对财政包含的两个部分的认识，实际上正是财政与国家财务对于资源配置的不同对象。财政除了进行社会消费性支出和转移支付之外，其所进行的投资性支出，即资源配置的对象主要是公共设施、基础建设，还有一些风险极大但社会效益极高、外部性较强的行业，如高科技产业等准公共物品。由于我国的特殊国情，国有资产所涵盖的领域还包括很多竞争性行业和自然垄断的行业，其中竞争性行业主要追求经济效益的最大化，需要全面考虑投入与产出的关系问题，而自然垄断行业虽然要兼顾社会效益，但是有必要在成本降低和技术改进方面加强投资，而这些

---

① 陈毓圭：《宏观财务与会计准则》，北京：经济科学出版社 1992 年版，第 2 页。
② 邓子基：《坚持、发展、"国家分配论"》，《财经科学》1997 年第 3 期。

都需要运用财务理论加以指导。因此，对于这一方面的资源配置，是国家财务的主要职责。

（2）二者的联系

财政与国家财务虽然有很多的不同之处，但二者在分配主体和分配对象方面是密切相关的，因此在国民收入分配中有着紧密的联系，这主要表现在以下两个方面。

第一，国家财务资金与财政资金在一定条件下可以相互转化。国家财务资金参与国民收入的初次分配，为财政资金参与再分配提供了可能。国有资产经营机构作为经济法人，其投资收益要照章纳税，从而实现了国家财务资金向财政资金的转化。而财政资金的建设性支出所形成的一部分经营型国有资产通常由财政划转国家财务部门进行资本运营，这就使一部分财政资金转化为国家财务资金。

第二，国家财务资金与财政资金在一定情况下可以结合使用。对于准公共产品，例如一些大型的国有经济基本建设投资与基础设施建设，可以由财政与国家财务共同出资建设。

因此二者是互为前提、相互制约的，在国民经济资金总量既定的情况下，二者存在着此消彼长的关系。

（二）基本养老金个人账户资金的财务属性

财务的本质是社会再生产过程中本金的投入与收益活动及其形成的特定经济关系，[①] 按照郭复初教授的本金与基金分流理论，国民经济中的资金按照其经济性质和用途分为本金和基金两个部分。其中，本金是

---

① 郭复初：《财务通论》，上海：立信会计出版社1997年版，第62页。

各类经济组织与个人为进行生产经营活动而垫支的资金，从国民经济范围考察，主要包括了国家财务本金、企业财务本金和家庭财务本金三类。笔者认为基本养老金中的个人账户养老金存在大量结余，需要投资运营实现保值增值，应属于本金范畴。此外，从整体而言，该资金的产权应该属于全体缴费者共有，当养老金的覆盖面扩大至多数中国公民之时，可以采取国家代理所有的形式以实现帕累托改进。因此，基本养老金中的个人账户养老金可作为国家财务本金的一部分，称之为"个人财产本金"。

从其的一般性上分析，具有以下三个特点。首先，从物质性上看，个人账户本金属于生产经营性资金，其物质内容是各种生产经营要素，在生产经营过程中以各种经营性资产的形态表现出来，从本金投入的角度主要分为实业投资和证券投资。其次，从运动性上看，其运动是循环周转式运动，马克思用精辟的公式概括为"G—W……P……W—G/·G—W……"，即从货币资金转化为生产资金，再转化为商品资金，又回复到货币资金，这里不是原垫支资金的简单回复，而是增值后的货币资金，经过成本补偿和积累，又开始了规模更大的第二个循环过程，从而形成周转。个人账户本金若进行证券投资，其生产资金和商品资金都是采用了广义货币资金的形式，这是证券投资自身的特性，但从增值角度而言，这完全符合本金的特性的。最后，从社会性上看，在个人账户本金的运动中所形成的经济关系是一种财务关系，主要是其所有者与运营者之间的产权关系与收入分配关系。应该指出，个人账户本金的投资，本质上是一种特殊的委托投资，具有共同基金的部分特征，但是由于其采取国家所有的形式，收益率由政府统一规定，因此相对于一般的财务活动所形成的财务关系而言，具有一定的特殊性。

从个人账户养老金的本金特殊性上看，其具有以下两个方面的特点。其一，个人账户本金不同于产业资本，其主要是通过资本运作实现增值，不论是投资资本市场，还是投资国有企业，其资产主要是以债券、股票等虚拟资本的形式存在。其二，个人账户本金运作的基本目的是提高退休人员的生活水平，产权采用国家代理所有的形式，具有准公共产品的性质，这与一般企业不同，其对利润的追求必须考虑到资金本身的安全性，避免出现投资失败而引发社会动荡。

从以上的分析可以看出，基本养老金个人账户的部分资金具有明显的财务属性，结合我国的国情，其必然属于国家财务本金的范畴。

（三）基本养老金统筹资金的财政属性

相对于本金而言，基金是指国家行政组织与非企业化事业单位为实现其职能而筹集和运用的专项资金，从国民经济范围考察，包括了财政资金、社会事业资金等。具有现收现付制特点的统筹资金具有明显的基金性质，因此我们可以称之为"统筹基金"，与个人账户本金相比，其亦有三个特点。一是统筹基金的物质内容是各种社会消费品，随着资金的发放，将被相应的养老金领取者消耗。二是统筹基金的运动是一收一支的运动，用公式可以概况为"G—W·G—W……"，即以货币资金购买社会消费品，在消耗后，又以新筹集的货币资金购买消费品，用于下一时期的消费，上一时期支出的资金已经消耗，因而不是循环周转式运动，而是一次收支式运动。三是统筹基金运动中所形成的经济关系不是一种财务关系，而是对一部分国民收入的再分配关系，其权力的行使是一种超越私人产权的公共权力的行使。上述特点表明基本养老金具有财政属性。

(四)基本养老金的本金与基金分流理论

由于个人账户本金与统筹基金在物质性、运动性及社会性上的差异,实质上我国的基本养老金分为两个性质迥异的资金体系,因而在其具体的管理与运营中,必须做到分流运行,而不能由劳动与社会保障部门统管。作为基本养老金的有机组成部分,个人账户本金与统筹资金共同为实现构建社会养老体系发挥着效能,因此在一定条件下,应该注意二者的相关联系与转化,在运营中做好综合平衡,保持合理比例,促进基本养老金制度的协调发展。

1. 个人账户本金与统筹基金的分流运营

本金与基金分流理论认为,要实现二者的分流运行必须做到在管理主体、目标、原则和方法上的严格区分,不允许混淆不清。相应地,个人账户本金与统筹基金的分流运营也应遵循这一逻辑,结合具体地实践,笔者认为当务之急是关注目标与主体这两方面的区分问题。

其中,目标的区分是公平与效率的问题。统筹基金实行的现收现付制,对在职者的资金收取满足退休者的基本生活需要,通过社会共济体现了代际与代内间的公平。因此统筹基金的目标是以一定的基金支出履行更多的社会责任,即一般所言的"少花钱多办事",可概括为追求社会效益目标,在具体的操作中表现在资金的筹集、日常管理与支付三个方面。在资金的筹集方面,主要是尽力扩大养老金的覆盖面、杜绝企业的逃费与欠费现象;在日常管理中,重点是强化结余资金的安全性,避免资金的挪用、侵占;在支付方面,主要是资金及时发放到退休者手中,并避免资金短缺,保持社会的稳定。个人账户本金强调了养老金的激励因素和劳动贡献差别，体现的是效率，其目标应该是以一定的本金投入取得更多的经济效益，可以概括为追求经济效益目标或者说以经济效益为主、社会效益为辅。应该指出的是，目前我国个人账户本金的年收益率一般确定为一年期银行存款利率，但这能否对缴费者形成应有的激励是值得商榷的。因此，要实现个人账户本金的可持续性发展，我们必须关注其本金属性，通过组合投资，在承担既定风险的情况下，实现全部本金的收益最大化或满意化。

主体的区分包括两个方面，一是管理主体，一是运营主体。统筹基金的管理在性质上属于对社会消费资料的价值管理，是国家社会行政管理者的职能，其管理主体就是劳动与社会保障部门。正如前文所提及，由于该类资金的结余较小且投资方向主要是国债和银行存款，从技术层面而言，运营难度较低，其运营主体可以由劳动与社会保障部门兼任。因此，统筹基金的管理与运营主体是统一的。个人账户本金管理在性质上属于对生产经营要素的价值管理，是生产资料所有者的管理职能，由于个人账户本金公有属性，其产权归于全体参保人，因此政府有必要成立专门的机构作为其产权代表，行使管理主体的职能。个人账户本金要实现有效的保值增值，就不能像统筹资金那样仅仅购买国债或存入银行，而是要多元化地选择投资领域，包括实业投资和证券投资，进而需要专门的机构作为运营主体，而不是要管理主体所兼任。实践中，笔者认为，实业投资可以委托给现有国资委下属的中介经营公司运营，而证券投资可以委托国有基金公司运营。

2. 个人账户本金与统筹基金的综合平衡

个人账户本金与统筹基金的综合平衡主要是指二者在数量上的结构

协调和确定相互间的转化条件问题。具体而言，有以下几点：

一是个人账户本金与统筹基金在数量上的结构协调问题。我国的基本养老金的计发上采用结构式的计发办法，通过两部分资金的比例协调，在注重公平的前提下，强调个人账户养老金的激励因素和劳动贡献差别。1997 年国务院颁布的《关于建立统一的企业职工基本养老保险制度的决定》规定个人和企业分别按职工本人上年工资总额的 8% 和 20% 缴纳保险费，其中 11% 记入个人账户，2000 年国务院印发的《关于完善城镇社会保障体系的试点方案》规定做实个人账户后，记入个人账户的保险费只是个人缴纳的 8%，企业缴纳的 20% 全部划入统筹基金。也就说个人账户本金与统筹基金的比例从 11：17 下调为 8：20，这一改变更多是从减轻做实个人账户工作的难度的角度考虑的，而对于调动职工参与养老保险的积极性而言是不利的。因此，笔者认为，在逐步做实个人账户的过程中，应渐进提高个人账户本金的比例，对个人缴纳可以不设上限，充分体现激励因素与劳动贡献差别。

二是个人账户本金与统筹基金的转化条件问题。通过前文的分析，我们已经意识到两种资金的性质差异很大，若随意转化必将有悖于养老金制度的可持续发展方向。因此，在现实中必须严厉杜绝本金挤占基金或基金挤占本金的现象，尤其是目前盛行的个人账户空转问题。当然，由于二者共属基本养老金的组成部分，在一定条件下还是可以相互转化的。例如，统筹基金不足是，可以通过发放特种国债的形式募集资金，而个人账户本金则可以通过购买该类国债的形式下实现本金向基金的转化。而个人账户本金在具体运营中，若出现严重亏损，财政必须承担总担保责任，此时则实现了基金向本金的转化。

二、个人账户养老金的财务管理职能分析

个人账户养老金属于本金的范畴，具有财务的属性，因此有必要从财务管理的角度分析其职能。主要表现在筹资、调节、分配和监督四个方面①：

1. 个人账户养老金管理的筹资职能

财务首先是一种经济组织本金的投入活动，个人账户养老金也必须首先不断筹集资金，从而具有筹资的职能。从我们通常理解的企业财务而言，其筹资职能的内容主要包括筹资量的确定、筹资渠道的选择、资本结构的优化，最终到达以较低费用筹足所需本金的目的。个人账户养老金财务具有一定的特殊性，其资金来源是确定的，即雇员的缴费，其筹资的主要目的是帮助缴费者对退休前和退休后的储蓄及消费行为作跨时间安排，避免其短视行为。因此，个人账户养老金管理的筹资职能更多表现为筹资量和筹资方式的确定，即规定雇员的缴费金额以及以何种方式缴纳费用，最终的目的是以较低的成本向雇员收缴到规定的金额，使其形成相应的规模，避免目前的空账现象，为之后的投资运营做好准备。

2. 个人账户养老金管理的调节职能

本金投入的规模与方向，一方面受制于经营要素形成的规模与结构，另一方面当本金筹集量一定时，为执行所有者与经营者调整结构的决策或贯彻国家有关宏观调控政策措施，通过经济组织本金投向与投量

---

① 本节分析主要借鉴郭复初教授关于财务职能的论述，《财务通论》，上海：立信会计出版社 1997 年版，第 69 ~ 71 页。

的调整，使经济组织原有的经营规模与经济结构发生调整，这些都是财务调节职能的主要内容。个人账户养老金是一个规模巨大的资金形式，其投资的效果关系到广大老百姓的退休生活，其投资必须关注安全性和收益性，因此需要科学的投资组合。从投资方向上看，不仅可以投入资本市场，同时因其公有性，可以积极参与到国有企业的投资之中。这不仅可以保证资金的收益与安全，同时由于规模大，必然对国有经济的投资布局带来深远影响，实现其财务的调节职能。

3. 个人账户养老金管理的分配职能

国家组织个人账户养老金的收缴与投资运营，其最终目的还是使缴费者退休后得到更好的生活保障，因此必须重视其分配的职能。财务分配的对象是企业在一定时期实现的全部商品价值的货币表现额（C + V + M），其不仅是资金保值、保证简单再生产的手段，同时也是资金增值、实现扩大再生产的工具。同时，个人账户养老金的财务分配还是正确处理国家政治职能与组织经济职能的需要，处理多方面物质利益关系的基本手段。在具体的操作中，必须关注向退休人员支付退休金的方式、支付的数额、死后继承的问题，最终达到提高退休人员生活水平和养老金的可持续发展的目的。

4. 个人账户养老金管理的财务监督职能

财务对经济组织生产经营与对外投资具有综合反映性，从而揭示经济组织各项管理工作及各种财务关系处理中存在的问题。为合理组织财务活动，正确处理财务关系，国家制订了相关的财税、金融、财务法规，所有者和经营者制订了各种有关财务决策方略与内部管理制度。财务管理必须按照国家与所有者及经营者的有关规定实施财务监督，使之得以执行，这就构成了财务监督职能的基本内容。近年来，由于各种原因，包括养老金在内的社保基金管理及运营过程中出现了很多腐败问题，这也说明财务监督的必要性与紧迫性。对个人账户养老金进行财务监督是保证资金安全和有效运营的重要手段，是国家立法监督、财税监督、信用监督和其他宏观经济监督措施得以落实到养老金管理运营机构的重要桥梁。

三、个人账户养老金的管理目标分析

任何管理活动都是有目的的行为，个人账户养老金的管理也不例外。个人账户养老金管理目标就是个人账户养老金在筹资、投资与分配的活动过程中所要达到的目的。笔者认为其目标是在提高退休人员生活水平的基础上实现个人账户养老金与资本市场的互动、与国有经济的双赢。

1. 提高退休人员的生活水平

正如第一章所指出的，养老金具有再分配和储蓄两个方面的功能，在我国目前实现的养老保险体系中，个人账户养老金是第二层面，通过强制缴费，建立个人账户，使参保人退休后的所得与缴费数量形成对应关系，实行多缴多得、少缴少得、不缴不得的原则，发挥着养老金的储蓄功能，体现了效率的原则。它在基础养老金保障了退休人员的基本生活需要的基础上，进一步提高了退休人员的生活水平，实现社会的和谐。这也是个人账户养老金管理的基本目标。

2. 实现个人账户养老金与资本市场的互动

个人账户养老金更多体现的是效率的原则，作为一种国家财务本

金，其自身有增值的需要。要实现个人账户养老金的保值增值，就需要对之积极运营、合理投资。养老保险制度变迁中的市场化、金融化特征日益明显。关键之处在于养老保险制度改革的趋向是为了增进养老保险制度的经济效应，即通过建立完全积累制以促进资本市场的发展；反过来，资本市场的发展又改善养老金的财务状况，从而使得养老保险体系与资本市场之间呈现出良性互动的关系。在目前我国个人账户养老金规模较少、资本市场发育不完善的情况下，加强二者的良性互动，是个人账户养老金管理的重要目标之一。

3. 实现个人账户养老金与国有经济的双赢

个人账户养老金的建立是一种社会的公共需要，从其产权特征及具体的筹资、投资与分配方面，都明显具有公共物品的属性，因此笔者认为它是一种准公共物品，属全民所有，具有公共属性。个人账户养老金的这一特征，结合社会主义中国的国情，为个人账户养老金与国有经济的结合提供了可能；同时我国政府发展与壮大国有经济的决心为结合提供了政策支持，国有企业的大量资金需求加强了结合的紧迫性；国有企业效益日益提高、国资委监管能力的日益提升，必将为二者结合并实现双赢提供必然性。

四、个人账户养老金的主体分析

为保证个人账户养老金的及时筹集、有效运营和资金安全，需要成立相关的管理、运营及监控机构，这些机构共同构成了个人账户养老金的主体。

（一）个人账户养老金的管理主体

前文我们谈到个人账户养老金从产权的角度应该属于所有缴费者所

有，从帕累托改进角度考虑，采取国家代理所有的形式是符合效率的。加之个人账户养老金具有财务属性，属于本金的范畴，管理运营必然采取国有企业的形式。多年的国企改革中，一个重要的问题是国有资本产权主体缺位，因此个人账户养老金管理亦应该关注这个问题，确定合理的管理主体。

1. 劳动和社会保障部作为管理主体的弊端

目前，个人账户养老金和统筹资金这两种不同的资金是由劳动和社会保障部进行"混账"管理的，这种管理方式，造成了很多的弊端。

第一，统筹基金与个人账户本金合流，造成个人账户空转。目前，我国的基本养老金的管理单位是劳动与社会保障部，这事实上造成了基本养老金中两种性质不同的资金的合流。这是一种"劳动与社会保障部二元化"的现象，在管理的目标上，无法兼顾公平与效率，无法将社会效益目标与经济效益目标分开。由于在基本养老金总量有限的前提下，两种管理目标存在着相悖的关系，社保部门虽然"二元化"，但由于其作为政府的社会行政管理机构，主要追求的目标自然是社会效益目标，当二者发生冲突时，保统筹基金压个人账户本金的现象便时有发生，最终造成目前严重的个人账户空转问题。

第二，统筹基金不足而恣意提高企业缴费率，造成统筹基金挤占企业本金。由于转制成本归属缺乏明确的规定，"老人"与"中人"的养老金原则上只取自社会统筹基金部分，这样一来，统筹基金既要承担补偿旧制度下的退休金债务，又要承担新制度下互济责任的双重任务。目前我国企业承担的缴费比率为职工上年工资总额的20%，而国际上的企业缴纳基本养老金水平一般仅在10%左右，而美国法定养老保险是6.2%，日本是 8.5%。企业对于养老金的缴费实际上构成其经营成本，偏高的缴费率必然影响企业在国际上的竞争力。这实际上是一种统筹基金挤占企业本金的行为，长此以往必然影响我国养老保险制度的可持续发展。

第三，个人账户本金未建立独立的管理与运营主体，造成本金难以保值增值。从国际经验来看，国外养老金的来源一般有四个，即政府、雇主、雇员和资金运营收入，且四者之间存在着此消彼涨的关系。以养老金制度比较完善的美国和新加坡为例，其 1996 年利息收入占社会保障费用的比例为 11.68% 和 24.23%，这为解决其养老金的长期支付问题的确起到了至关重要的作用。而我国由于未成立专门的个人账户本金的管理与运营机构，个人账户本金被统筹基金大量挤占，无法形成有效的规模，加之国家对社会保险资金投资方向的限制还非常严格，基金投资渠道有限，养老金保值增值的能力有限。虽然从 2003 年开始允许社保基金入市，但是由于入市比重过低，并未对资金的整体收益提供太多的贡献。

第四，基本养老金由省级社保机构管理，难以建立一个全国统一的补偿机制。根据惯例，对个人账户本金国家应建立一个基本的、有限的补偿机制，在一旦发生投资亏损时发挥作用。补偿机制不等于财政兜底。建立补偿机制的思路很多，许多国家有现成经验，例如，风险基金型、储备金型、以丰补歉型、商业保险型等，不一而足；但是，如果各省各行其是、各自为政，统一的补偿机制就难以建立，为地方财政带来风险，中央政府将很难予以监管，或是某些地方政府根本就无法建立任何待遇补偿机制，现在一旦遇到投资亏损，将会引发社会动荡。

2. 社保基金理事会不宜作为个人账户养老金的管理主体

既然劳动和社会保障部不适合作为个人账户养老金的管理主体，那么谁适合？有一种观点，即由社保基金理事会担当。但是，这一观点笔者不能认同。理由有如下。

其一，社保基金理事会成立的初衷决定了其不适合作为个人账户养老金的管理主体。2000 年 8 月成立的全国社会保障基金是中央政府集中的社会保障资金，是国家重要的战略储备，主要用于特殊困难人群（如下岗职工、城市生活特殊困难者）生活补贴与弥补今后人口老龄化高峰时期的社会保障需要。在西方一些国家也有相关类似的机构，如挪威的国民保险基金、石油基金和法国国家储备基金。个人账户养老金是我国基本养老金的重要组成部分，其在发挥社会养老方面有举足轻重的地位，自然不适合由一个具有战略储备性质的机构进行管理。

其二，社保基金理事会的投资定位决定了其没有足够的能力管理个人账户养老金。以 2006 年为例，其资产包括社保基金会直接运作的银行存款、在国债一级市场购买的国债、指数化投资、股权资产、转持股票、信托投资、资产证券化产品和产业投资基金、应计未收存款和债券利息等，以及委托境内、境外投资管理人运作的委托资产①。可以看出，社保基金理事会的投资主要定位于资本市场，在我国资本市场尚不健全、系统风险较大的宏观背景下，此种投资方式根本不能保证投资的安全。个人账户养老金是广大老百姓的养命钱，一旦投资失败，后果不堪设想，除了资本市场之外必须有其他的投资方式，这也决定了社保基金理事会没有足够的能力管理个人账户养老金。

其三，社保基金理事会管理个人账户养老金不利于上市公司治理结

---

① 资料来源：全国社保基金理事会网站，www. ssf. gov. cn。

构的改善。养老金入市是大势所趋，通过合理的管理与运作，可以实现实体经济、资本市场与养老金的良性互动。我国目前上市公司问题很多，其中一个就是治理结构不完善。个人账户养老金通过投资股市而成为一个重要的机构投资者，若能够积极参与被投资企业的重大决策，对于改善上市公司治理结构将起到重要作用。但是社保基金理事会的经营类似于美国的共同基金，极少进入上市公司的董事会，面对公司管理层的不良行为多是采用"用脚投票"的方式消极应对，从而进一步恶化本就十分严重的内部人控制现象，不利于公司治理结构的完善。

3. 国资委作为个人账户养老金管理主体的必然性

既然劳动和社会保障部、社保基金理事会都不适合作为个人账户养老金的管理主体，那么谁适合呢？专门成立一个机构是不符合成本效益原则的。因此，笔者认为国有资产监督管理委员会是最适合的选择。

这主要是有个人账户养老金的财务属性和国资委的职能所决定的。前文已经详细探讨了个人账户养老金的财务属性以及产权的公有性，这就决定了其应该以国有企业这一组织形式进行投资运营，其产权代表和管理主体也自然是国有企业的老板。在这一点上，理论和实践都已经证明了个人账户养老金的管理主体非国资委莫属。国资委是代表政府履行出资人职责、负责监督管理企业国有资产的直属特设机构，具有对国有企业负责人、重大事项、企业国有资产进行管理和监督的职能。个人账户养老金的属性和国资委的职能相联系，共同决定了国资委作为个人账户养老金管理主体的必然性。

4. 过渡期的做法

目前，我国的个人账户基本上还是采取"名义账户"的形式，要真正按照国家相关规定做实个人账户还是任重而道远。当然这一问题是迟早要解决的，当各地政府完成这一任务之后，就会涉及如何投资运营的问题。因此，笔者认为，个人账户养老金的管理主体应该分两个阶段进行。第一阶段是过渡期，即未完全做实的时候，其逐渐补充的资金可以由社保基金理事会代管，作为个人账户资金的管理主体，这主要是考虑到当该资金还未达到一定规模之时，单独进行投资必然由于资金有限，而难以做出较好的投资组合，从而无法真正控制风险，达到资金的保值增值；同时，在可能的情况下，将部分资金有选择地直接投资于国有企业，而这方面的资金的管理主体由国资委进行管理。第二阶段，即完全做实个人账户之后，该资金将是上万亿的规模，此时应该从社保基金中分离出来，由国资委作为管理主体，让社保基金理事会做好自己的本职工作，真正起到后备基金的作用，而不是盲目扩大为一个包揽所有社会保障资金的垄断性组织。

（二）个人账户养老金的运营主体

个人账户养老金作为国有本金的一个组成部分，如何搞好资本运营、提高运营效益，是一个重中之重的问题，也是作为完全累积制这种筹资方式的必然要求。从其资金的投资方向而言，国外基本上都是投资于资本市场，其运营效益也自然受到资本市场波动的影响，当一国资本市场的系统性风险较大时，会极大地危害养老金投资的安全性。因此，从我国的现实国情出发，投资资本市场尤其股市的比重不应过大，而是应该结合我国的社会主义制度本身，将更多的资金通过直接投资的方式，积极注资国有企业，是一个最佳的选择。

既然个人账户养老金的投资方向主要是资本市场和国有企业两个方

面，那么相关的运营主体也就不应该固定于某一类机构或企业。笔者认为，在国资委的综合管理之下，确定两类投资的比重。其中，作为资本市场的投资，可以借鉴目前社保基金理事会的做法，通过委托投资，由多个检查合格的基金公司作为运营主体，通过机构理性投资，实现养老金与资本市场的互动；而作为对国有企业的直接投资，则采用目前国资委的通行做法，由其下属的投资公司作为运营主体，通过对国有企业的积极参与，实现养老金与国有经济的双赢。

（三）个人账户养老金的监控主体

近年来，社保基金管理与运营中问题很多，挪用、侵占社保基金的案件频发，陈良宇事件就是一个典型，其原因很多，但不可否认的是对包括养老金在内的社保基金缺乏有效的监控是问题产生的一个重要原因。个人账户养老金视同国有资产的一个组成部分，其监控应该形成一个综合的体系，形成一个纵横交错、相互制衡的监督网络和全方位、多元化的控制系统，监控的视野涵盖个人账户养老金运营的全过程，监控的触角伸向个人账户养老金的各个环节和层次。在这方面，笔者的具体构想是，监控体系的构建应该以立法监控为基础，财务监控为核心，行政监控及其他监控为补充。其中财务监控包括国家财务监控和企业财务监控两个部分，前者是一种宏观财务监控，其监控主体是国资委，以基金公司和投资公司的资本运营为监控对象，监督个人账户养老金的保值增值，防止资金流失，实现资金运营效益；后者是在运营主体内部，通过财务总监和公司监事会，分别对资金运动经营过程实施监控。对于这一问题，我们将在第五章进行更为详细的分析。

第三章　个人账户养老金的筹资与分配问题研究

一、养老金筹资与分配的基本模式

养老保险制度模式可以从多种角度进行划分：从代表性国家角度可以分为德国俾斯麦模式、苏联"国家保险"模式、英国福利国家模式、新加坡的中央公积金模式、治理个人储蓄养老账户模式、中国统账结合模式等；从资金的筹集方式上可以分为缴费制、缴税制、强制储蓄三种模式；从资金管理模式上可以分为公共管理和私营管理、营利性管理和非营利性管理、政府管理与非政府管理等；从资金运营模式上分为统一运营与竞争性运营、直接运营与委托运营等；从财务平衡机制看，主要分为现收现付制、完全累积制与部分累积制三种模式；从缴费贡献与待遇计发的收付机制看，分为给付确定制与缴费确定制两种。本章探讨的主要是个人账户养老金的筹资与分配问题，所以在此我们主要关注后两种分类方法。

1. 从财务平衡机制角度分类

从财务平衡机制看，养老保险制度可以划分为现收现付制（pay -

as－you－go，简称 PAYG）和完全累积制（full－funded，简称 FF）两种最基本但截然不同的类型，以及具有两种类型混合特征的部分积累制，它们各自体现出不同的基金平衡要求和制度运行特性。

现收现付制是以同一个时期正在工作的一代人的缴费来支付已经退休的一代人的养老金。它根据每年养老金的实际需要，一般以一个较短时期内（通常为一年）收支平衡为指导，从工资中提取相应比例的养老金，本期征收，本期使用，不为以后使用提供储备。以政府信用作保证，通过国家行政强制实施并由政府直接操办，实行"以支定收，现收现付，统一收支，代际互济"的资金管理方式。其主要优点有：养老金分配向低收入者倾斜，体现社会公平；由于关注短期收支平衡，期末资金结余极少，资金管理难度较低；由于采用待遇确定型的养老金支付方式，受经济波动影响小，在某种程度上可以避免因通货膨胀的影响而导致养老基金大幅贬值所引发的养老金支付危机，从而降低了缴费者的风险。其主要缺陷是难以应付人口老龄化危机，当人口进入非稳态增长阶段，加之经济增长速度放缓，必然使这种以支定收的模式难以为继，这也是目前世界范围内出现的养老金改革趋势的原因。

完全累积制是根据长期收支平衡（通常为几十年）的原则确定收费率，企业和个人按工资的一定比例向专门机构定期缴纳养老保险税（费），记入个人账户，退休后用个人账户内的积累额加上利息支付养老金。其主要优点有：养老金待遇完全取决于个人账户积累，具有较强的自我保障激励机制，体现了效率的原则，这会促使职工树立自我保障意识，提高其参保和缴费积极性；同时可以积累大量的可用于长期投资的资金，通过投资资本市场或相关企业，从而促进经济增长。其主要缺陷是缺乏个人之间的互助互济，没有体现社会公平，对高收入阶层有利，而低收入者无法通过养老保险获得基本生活保障，违背社会保障政策的初衷，养老金的领取与缴纳的完全挂钩，使代际间的互利共生功能形同虚设；同时，由于管理机构需要关注资金的长期平衡，加之规模巨大，资金管理难度很大。

部分累积制是介于现收现付制和完全累积制之间的中间模式，它根据分阶段收支平衡的原则，在满足一定时期支出需要的前提下，留有一定的储备资金，并据此确定收费率。其特点是初期收费率较低，以后逐步提高，保持相对稳定。这种混合模式在理论上兼顾现收现付制和完全累积制的优点，既可以保持现收现付制的代际转移和收入再分配功能，又能够发挥完全积累制刺激个人缴费积极性、培养个人责任心以及提高储蓄率等作用，兼顾了效率与公平，目前很多国家的养老保险制度都朝这个方向改革。

应该指出的是，我国目前的基本养老制度中，实行的是社会统筹与个人账户相结合的方式，从总体上说具有部分累积制的特点，但是正如前文所指出的那样，两种资金在性质、功能、目标及运营模式等方面的不同，实际上是两个泾渭分明的不同层次，在考察我国养老保险体制的模式时，应该分别对待，社会统筹部分实行的是现收现付制，而个人账户部分则实行的是完全累积制。

2. 从收付机制上分类

从养老保险的缴费贡献与待遇计发的收付机制划分，有两种最基本的类型：给付确定制（Defined Benefit，简称 DB）和缴费确定制（Defined Contribution，简称 DC）。

　　所谓给付确定制（Defined Benefit）是由养老保险计划的主办者做出承诺，依参保者年龄和以往贡献的大小决定每个参保者的养老金收益；未来的养老金的总体费用水平与需求通过对工资增长率、投资回报率及就业率、死亡率、伤残发生频率等主要相关参数，通过数学模型的预测做出大致估算。一般而言，给付确定制与现收现付制相对应，其主要特点有二：一是以支定收，在确定给付制之下，养老金给付方案预先确定，养老保险费率随后决定。养老金给付方案通常由规定的给付公式来表现，其主要变量有工龄和某段时间的工资水平，如退休前若干年的平均工资甚或整个工作期间的平均工资。收入关联确定给付制下，劳动者的养老金待遇是以现实收入状况为基础确定的，与其退休前的实际收入直接相关，而与其在养老保险制度中缴费的数量仅具有间接的关系，因而养老保险待遇与工薪收入有某种关联，但并非必然体现在量上的绝对对等。二是待遇调整灵活，确定给付制之下，由于养老待遇与现收现付的年度平衡计划密切关联，也使养老金给付能够随物价涨幅和通货膨胀态势进行调整以保障劳动者的最低收入。

　　所谓缴费确定制（Defined Contribution）是按照一定公式决定每个参保者的缴费，为每个参保者设立个人账户，以记录缴费的多少，将来在他们有资格领取养老金时决定怎样向他们计发养老金。一般情况下，缴费确定制与完全累积制相对应，其主要特点有二：一是在确定缴费计划中，缴费者必然要承担一定的投资风险，若积累的资金不足以支付缴费者预期的年金，养老金管理主体没有弥补亏空的义务与责任（当然，一般而言财政部会有一定担保责任），如果投资收益比预期的低，那么退休人员只能获得更低的福利；二是在确定缴费计划中，养老金管理与运营主体必须将资金用于投资并取得收益，并要在长期内把握资金的收支平衡，管理难度较大、风险较高。

目前，从各国养老金运行的状况来看，绝大多数国家的养老金计划属于确定给付制。在美国确定给付制养老金计划是确定缴费制养老金计划的两倍以上，在加拿大是95%以上，日本的所有养老金计划均是确定给付制，而欧盟到目前为止是以 DB 计划为主、DC 计划为辅。主要原因有四：一是 DB 计划有具体的替代收入的目标；而在 DC 计划中，退休金数量可能达不到或者超过雇主所确定的目标。由于同样原因，大多数雇主希望把基本养老保险金也考虑在内，这样退休金的数量可以达到令人满意的水平。二是 DB 计划可设立统一账户，管理费用较低。三是 DB 计划可以提供与雇员最终收入挂钩的退休金，以保障雇员的权益，不受退休前通货膨胀的影响。而 DC 计划却无法提供同样的保障，其通货膨胀风险由雇员承担。四是 DB 计划便于在计划开始时为年龄较大的员工提供足够的退休收入，它是直接根据工作年限来计算养老金支付额的，所以计划开始时年龄已较大的员工并不会因为积累期短而得不到适当保障。但近年来的发展趋势表明，确定缴费型养老金计划有增多的迹象。

从我国目前的个人账户养老金的规定来看，是一种较为特殊的情形。从资金筹集的角度看，缴费比例固定于工资总额的8%，而从给付角度看，个人账户的资金是按一年期存款利率来确定的，虽然利率会有变动，但是缴费者可以形成相对稳定的预期，因此其收益也是相对确定的。笔者认为，这种情形并不合理，而是应该与完全累积制相对应，采取缴费确定制，通过投资机构的良性运营，使个人账户养老金成为一种良好的投资工具，这在下文还要详尽探讨。

二、养老金筹资与分配的管理方式

（一）养老金筹资的管理方式

充足的养老金是养老保险制度存在、发展和不断完善的基础，因此确立合理的养老金筹资方式是一国养老保险体系构建中的重要环节。由于国情的差异和所实行养老保险模式、保险范围的不同，世界各国筹集养老保险资金的方式也不尽相同。目前世界上已经建立起社会保障制度的140多个国家和地区，筹集包括养老金在内的社会保障资金的方式归纳起来主要有三种类型，即建立个人储蓄账户、缴税制和缴费制。

建立个人储蓄账户，以新加坡和智利为代表。这种筹资方式实际上是一种强制性储蓄，它是实行政府强制社会保障模式国家所普遍采用的筹资方式。在这一筹资方式下，要求雇主和雇员分别按规定的标准把社会保障费用存入雇员的个人账户，社会保障费的本金和利息均归雇员所有，由社会保障管理机构进行统一管理和支配，政府有权在一定范围内进行适当的调剂。

缴税制和缴费制是征收社会保障税和社会保障费筹资资金，其常见于实行政府提供保障模式的国家，其中前者以英美为代表，而后者以法德为典型。具体操作中主要是按不同的社会保障项目分别规定税率（或缴费率），由雇主和雇员分别按一定比例缴纳，也有少数国家规定完全由雇主缴纳。社会保障税（或费），也称社会保险税，或称社会保障缴款，是一国政府为筹集社会保障资金而开征的一种税或税收形式的缴款，主要是对薪金和工资所得课征，由专门的管理机构（如税务机关等）负责征收和管理，其收支一般纳入国家预算（实行收费形式的国家也有收入不纳入预算的情况），实行"专税专用"或"专费专用"，超支部分由财政拨款补足。

三种筹资方式相比较而言，主要有三个方面的不同：一是社会保障水平不同。一般来说，缴税制国家通常强调政府只为公民提供最基本的生活保障，缴费制国家政府承担的社会保障水平相对更高，强制储蓄制国家以个人自我保障为主，保障水平与个人账户积累程度直接相关。二是保险缴税（费）水平不同。这与第一点是相对应的，如美国和英国社会保障税率的综合水平都在20%左右，而法国和德国的社会保险费率都在40%以上，新加坡的公积金缴纳比例也高达40%①。三是缴费和管理程序不同。实行社会保障税的国家，保险项目及其税率设置一般较为简单、明了，社会保障由政府部门直接管理，部门分工明确，管理比较集中；而实行缴费制的国家，保险项目设置比较复杂，每一项目都有相对独立的一套缴费办法，社会保障管理多由社会承担，制度复杂，管理分散；实行储蓄制的国家，保险项目按账户设置，一目了然，基金的收、付、管理由政府高度集中，但账户运作比较复杂，难度较大。

从当今世界各国社会保障制度的具体情况来看，社会保障税以其特有的规范和效率赢得了世界上大多数国家的青睐，成为当今各国普遍采用的社会保障筹资方式。根据国际货币基金组织的不完全统计，目前世界范围内征收不同形式社会保障税的国家已有80多个，它几乎包括了所有的经济发达国家，也包括了一些如埃及、阿根廷、巴西、巴拿马、

---

① 资料来源：中国养老金网，www.cnpension.net。

阿曼等发展中国家，而且在荷兰、法国、瑞士、瑞典、西班牙、巴西等国，社会保障税已成为第一号税种。① 社会保障税在世界范围内的迅速兴起和发展，充分说明了它的优越性。

从我国目前基本养老金的筹资方式而言，实行的是缴费制，其中个人账户养老金按照工资总额的 8% 由所在单位代扣代缴，存入个人账户，而统筹部分有企业承担，按工资总额 20% 左右缴纳（具体比例由各省、自治区、直辖市自行确定）。由于目前养老金的筹集过程中问题很多，实务界和学术界很多人认为应该变缴费制为缴税制，笔者并不苟同，而是认为最佳的方式是统筹部分采用缴税制，而个人账户部分仍采用缴费制，这将在本章第三节中继续详尽探讨。

（二）养老金分配的管理方式

养老金的分配或支付，是指按照养老保险制度规定的享受条件、待遇标准和支付方式，由养老保险承办机构将保险金支付给受保人，以保障他们退休后的基本生活需要。养老金的分配是养老保险制度保障功能和再分配功能的具体体现。养老金的分配一方面要使受保人的基本生活需求得到切实保障，另一方面又必须使支付水平和支付金额与国家的经济实力和生产力发展水平相适应，同时保证养老金本身的可持续发展。因此，加强养老金在支付条件、支付标准、支付方式等方面的管理十分重要。

1. 支付条件

所谓支付条件，是指受保人在达到什么条件时，可以从养老金中获

---

① 资料来源：中国养老金网，www.cnpension.net。

取经济补偿。一般而言，受保人必须同时满足两个条件才能获得相应的支付，即达到国家规定的退休年龄和达到一定的工作或缴费年限。

在退休年龄方面，由于世界范围内的人口老龄化现象日益严重，各国一般都在适当延长退休年龄或者对不同年龄退休实行不同的养老金给付水平，这是一种柔性的做法，间接达到延长退休时间的目的。以美国为例，美国目前法律规定的最低退休年龄是 62 岁，正常退休年龄是 67 岁。一个人只要到了最低退休年龄，且积累的社保积分达到了 40 分，就可以申领社保退休金。这种情况下退休金的数额会打一个较大的折扣。如果到正常退休年龄退休，退休金就会高得多。如果推迟退休到 70 岁，还可获得更高退休金。但是超过 70 岁之后，退休金就不再提高了。应该指出，退休年龄的延长不是无限的，它受到传统、道德、文化、经济等多种因素的影响，这也造成各国的法定退休年龄差异很大，这可以通过表 1 - 1 看出。

在工作或缴费年龄方面，2005 年 12 月，国务院颁布了《关于完善企业职工基本养老保险制度的决定》，明确规定在《国务院关于建立统一的企业职工基本养老保险制度的决定》（国发〔1997〕26 号）实施后参加工作、缴费年限（含视同缴费年限，下同）累计满 15 年的人员，退休后按月发给基本养老金，基本养老金由基础养老金和个人账户养老金组成；决定实施前参加工作，决定实施后退休且缴费年限累计满 15 年的人员，在发给基础养老金和个人账户养老金的基础上，再发给过渡性养老金。决定实施后到达退休年龄但缴费年限累计不满 15 年的人员，不发给基础养老金，个人账户储存额一次性支付给本人，终止基本养老保险关系。

2. 支付标准

所谓支付标准，是指符合养老金支付条件的受保人应享受多少经济补偿。该标准既影响到受保人的基本生活需求是否得到保障，又影响到养老金本身的财务收支平衡和可持续发展。

一般而言，养老金支付标准的确定要考虑到一国经济发展水平和财政、雇主、雇员三方面的承受能力，在完全累积制下，还要考虑资金的投资收益水平。受 20 世纪 70 年代石油危机的影响，西方各国经济发展水平放缓，加上日益严重的人口老龄化现象，各国政府都开始考虑降低支付标准的问题。以英国为例，1980 年通过修改法律，将"养老金每年升幅跟随平均收入或物价指数的两者中较高的一种"改为"至少跟随通货膨胀的增长"，但最高不超过 3%。在美国，20 世纪 80 年代，其社保基金开始面临入不敷出的财政危机。里根总统任命了以格林斯潘为首的一个委员会，提出对策。最终经国会立法通过的主要措施有：对社会保障退休津贴征收收入税（以前是免税的），同时砍掉了多项社会福利津贴，甚至还数次冻结退休金的发放。

支付标准的高低可以通过替代率这一指标进行衡量。替代率是指退休人员人均养老金占在职职工的人均工资的比例，其数值越大，表明退休人员的养老金待遇水平越高，相应的养老金支付越多。1997 年全国养老金的平均替代率为 86%，其中个别省份，如山东、辽宁，甚至超过了 100%，这在世界上都是罕见的。造成这一现象的原因主要有两个，一是我国收入统计方面很多时候无法把很多的隐性收入纳入其中，加之前文所谈我国企业缴费的基数本就是工资总额而非全部收入，造成在职职工收入统计数字偏低；二是制度的问题，退休人员工资发放的标准的确定难以经过民主程序，而是由个别当权者拍脑袋确定。

3. 支付方式

所谓支付方式，是指如何保证养老金按时足额支付到受保人手中。以往我国养老金的支付方式上实行的是由养老保险经办机构将应支付给受保人的保险金额支付给受保人退休前所在的企业，再由企业支付给受保人。这种支付方式的形成是有历史原因的。在计划经济条件下，企业既具有组织生产经营的职能，又具有对职工的管理服务职能，即"企业办社会"。从一定意义上讲，企业办社会问题是深化国有企业改革的重要障碍。这一支付方式引发的一个严重问题是不少亏损企业长期拖欠退休人员养老金，给其生活造成加大困难。从国外经验看，一般来说养老金的支付方式都是社会化发放，即由养老保险经办机构通过银行、邮局或直接发放等形式将养老金发到受保人手中。这也是我国目前的改革方向。

三、个人账户养老金筹资与分配中存在的问题与解决思路

（一）存在的问题

从我国目前养老保险制度运行的实践来看，在资金的筹集与分配方面的问题及面临的挑战日益凸显，对养老金的可持续发展、经济社会的健康运行带来了严重的影响。其主要表现在以下两个方面。

1. 财务收支失衡，资金缺口扩大

（1）个人账户空转。由于隐性负债的债务人目前未作明确规定，财政不愿为之买单，劳动和社会保障部不得不利用其对统筹资金和个人账户资金"混账"管理的制度性缺陷，用个人账户资金弥补统筹资金

的不足，把统账结合的制度变为一种融资途径，用资金总量的节余掩盖个人账户的"空账"，从而导致隐性债务显性化，个人账户空账规模迅速扩大。据劳动和社会保障部郑斯林部长透露，我国养老保险个人账户空账近 6000 亿元。[①] 而据相关专家测算，这一规模仍将以每年 1000 亿元的规模增加。因此，目前中国统账结合的部分累积制实质上已经蜕变为名义个人账户的现收现付制。空转的个人账户无法实现保值增值，更有甚者，某些机构或人员非法挪用社保基金进行炒股、炒房，给国家和人民带来极大损失，上海陈良宇事件就是一个典型。

（2）结余资金低效运营，增值困难。个人账户空转，社保基金统筹层次较低，造成资金短缺且分散管理，无法进行统一的投资运营。同时，结余的资金投资渠道单一，增值率很低，加之养老金投资运营都缺乏有效的法律约束，承担责任和风险的经营管理主体缺位，各地的社会保障部门这种以行政管理机构形式存在的组织，很难承担个人账户养老金按市场规则运作的增值任务。这一问题我们还将在第四章重点探讨。

2. 资金征缴不利，筹资困难

（1）法律规范层次低，法规刚性较弱。我国现行征收的个人账户养老金，是和统筹基金统一收缴的，其依据都是国家出台的行政法规，虽然具有法律效力，但从立法角度来看，它与法律相比在规范性和刚性上还是比较弱的。作为各省（市）自治区政府制定的"细则""办法"属地方性规章，其法律效力就更低，在征收手段、处罚措施方面往往难以操作，导致征收力度不够，收缴率低。虽然通过各级政府多年努力，

---

① 《人民日报》，2004 年 9 月 21 日。

但是，参保人欠费、逃费现象仍然很严重，致使资金严重不足，可供发放的养老金缺口越来越大。

（2）缴费基数规定不明确。我国的缴费基数是工资总额，在具体执行中，工资总额往往比雇员的实际收入少很多，比如大量的年终奖金甚至每月的绩效工资都未统计在缴费基数之中。世界银行调查发现，中国城镇职工实际养老保险缴费率大约只是工资总额的13%，而名义缴费率为23.5%（高于国际上大约20%的平均数字），实际缴费率仅占名义缴费率的55.3%；2003年城镇在岗职工的平均工资为14040元，按照10492万名在职职工计算，我国城镇社会保险收入总数应为5980亿元。如果参保率、资金到位率达到90%以上，社会保险基金年收入应为5382亿元。但2003年全国社会保险基金收入只有4884亿元，由于征收基数不实，造成了大量的社保基金流失。[①]

（3）征收体制还不规范，征收成本居高不下。目前个人账户养老金的征收，有些地方是由税务机关征收；有些地方又由社保部门征收。前者可以充分利用税务机关现成的人力、物力资源；后者征收就要另设机构，增加人员和设备，加大征收成本和费用。同时，在税务机关代征过程中，按照《社会保险费征缴暂行条例》规定，社会保险登记、接受缴费申报、应缴社会保险费额的审核以及有关处罚的行政权力，都集中在劳动保障部门，而没有相应地授予税务机关。这种征收和管理"两张皮"的矛盾，既增加了部门之间的工作量，也增加了缴费单位和个人的负担。

---

① 资料来源：中国养老金网，www.cnpension.net。

3. 资金管理不规范，支付标准不健全

（1）社会化管理滞后，管理成本高昂。目前一些地区在养老金的收缴与支付结算办法上，仍然采取社会保险经办机构与企业之间的差额拨付的做法，这种做法增加了企业的社会负担和社会保险基金管理成本，在企业经办过程中难免出现虚报冒领、挤占挪用、欠发少发职工社会保险金的现象，影响社会保险基金的安全健康运行，也不利于提高社会保险基金的专业化管理水平，制约"管理机构—经办机构—职工"之间计算机联网自动化管理系统的建立，难以提高管理效率和节省管理成本。

（2）个人账户养老金支付标准过低，抑制参保人的参保热情。2005 年 12 月，国务院颁布了《关于完善企业职工基本养老保险制度的决定》，明确规定个人账户养老金月标准为个人账户储存额除以计发月数，计发月数根据职工退休时城镇人口平均预期寿命、本人退休年龄、利息等因素确定。在这个标准中一个关键的因素是利息问题，现在的办法是按照一年期银行存款利率确定。但对于参保人而言，此种收益率无异于自行进行在银行存款以备以后养老之用。因此，在逐步做实个人账户的过程中，必须强化资金的投资运营，提高收益率，使之成为参保人的一种良好的投资工具。

（二）解决的思路

个人账户养老金作为本金的一种，其财务活动包括了筹资、投资与分配三个方面，为保持该制度的良性运行，必须实现收支的财务平衡。在分析了我国目前个人账户养老金领域存在的问题的基础上，笔者认为应该做好三个方面的工作，即选择合理的筹资方式、提高资金的运营收益、制订可行的支付标准。其中第二个问题笔者将在第四章详细探讨，在这里主要探讨一、三两个问题。

1. 选择合理的筹资方式

目前针对基本养老金的征缴工作中存在的系列问题，理论界与实务界中的很多人在未对其属性进行合理界定的情况下，轻率地提出了"以税代费"的解决思路。应该说，以税代费的做法可以提高养老金征收的法律法规的层次，对逃费、欠费人员起到更大的震慑作用，这在西方发达国家亦得到了验证。但问题是国外征收的社会保障税大多对应的是其养老金"三支柱"中的第一支柱，类似于我国的基本养老金中的基础养老金，其第二、三支柱大多是由企业与雇员自身实施的，而并非通过社会保障税的方式筹资。

我国的基本养老制度有别于西方的"三支柱"式的养老金计划，其两大组成部分，即统筹基金与个人账户养老金在性质上是完全不同的，前者具有财政属性，是基金的范畴，对应于"三支柱"中的第一支柱，在征收过程中，为提高立法的层级，强化收缴的力度，降低管理的成本，笔者赞成采取社会保障税的做法，并将之纳入国家财政预算，以财政为后盾，以现收现付的方式，实现资金的收支平衡，保障退休人员的基本生活。而对于个人账户养老金而言，具有财务属性，是本金的范畴，其在物质性、运动性和社会性上不同于基金，实质上是一种国家规定的强制储蓄，避免参保人的短视行为，以备参保人退休得到更好的生活保障。既然不是财政基金，若采取社会保障税的方式筹集资金，难免成为统筹基金的一个附属物，在实践中造成本金与基金的合流，其经办机构借助"混账"管理的制度缺陷，将个人账户养老金作为弥补统筹资金短缺的一种融资手段，将本属完全累积制的个人账户制度蜕变为以前的现收现付制，从而为今后的支付带来潜在的危机，无法应对日益严重的人口老龄化问题，最终必将导致个人账户养老金的破产。因此，个人账户养老金的筹资方式仍然应当采用现行的缴费制。

此外，在个人账户养老金的缴费比例上，目前按工资总额8%的比例征收的做法笔者亦有不同的看法。既然个人账户是实的，其已交金额和存续期产生的利息收益，从产权角度看属于参保人个人所有，那么参保人应该有权选择参保的金额。即便是养老金制度建立的目的之一是避免参保人的短视行为，那至少不应该规定参保人缴费的上限。当个人账户养老金实现了良性运营并可以取得可观的收益之时，其必然成为一种较好的投资工具，那时参保人的参保热情必将高涨，资金的筹集工作也不再会是一个严重的问题了。

一言以蔽之，笔者认为，在基本养老金的征收过程中，应该摒弃那种非此即彼的思路，实现"税费结合"的筹资方式，对统筹基金采用缴税制，而对个人账户养老金采用缴费制。

2. 制订可行的支付标准

前文谈及目前支付标准的缺陷时，笔者指出目前规定个人账户按照一年期银行存款利率计息的办法的不合理性。当然，并不能任意地提高这个收益水平，而是应考虑到我国经济发展水平和缴费者的承受能力，尤其是个人账户养老金实行的是完全累积制，还要重点考虑资金的投资收益水平。

在这个方面，由于目前个人账户养老金还处于空账运转的态势，虽然国家也开始加紧做实个人账户的工作，社保基金理事会亦开始试探性地运作小量的个人账户财政补助资金，但是这距离真正做实个人账户并建立科学的管理与运营主体还是任重道远。因此，笔者认为，我们可以参考智利相关做法，在今后的具体实践中进行相应的改良。智利为加入新制度的每个成员建立了专门的养老金账户，由成员自己按月缴纳养老金（目前规定为月工资的10%），雇主不缴费。个人账户由缴费者自主选择一家养老金管理公司负责管理。随着缴费的不断增加及投资增值，形成养老金积累。个人账户的基本用途是在缴费者达到规定条件后为其支付养老金，缴费者也可以个人账户资金做担保申请住房贷款，也可以取出部分现款，但前提条件必须保证个人账户结存余额可以满足按本人退休前10年平均工资的70%支付养老金的需要。各养老金管理公司经营的个人账户养老金按月记息，月利息不得低于过去12个月所有养老金投资回报率的2个百分点。如高于2个百分点以上，可留作保证金，暂不记入个人账户，待养老金投资回报率过低时补足。如果个人账户养老金由于不能足额缴费或投资失败等原因，而影响养老金支付时，则由政府财政部门负责给受保人支付最低养老金水平或支付最低养老金（目前的标准为每人每月100美元左右）。

第四章 个人账户养老金的投资问题研究

投资问题是个人账户养老金财务的核心问题，只有实现了个人账户养老金的良性运营、提高投资收益，才能为参保人带来客观的收益，减少养老金收支缺口，实现养老金财务平衡，促进养老金本身的可持续发展。本章将在分析如何对个人账户养老金进行科学的投资组合的基础上，着重探讨个人账户养老金与资本市场、国有经济的关系，最终实现其与资本市场的良性互动、与国有经济的双赢。

一、个人账户养老金的投资组合

个人账户养老金是广大参保人的"养命钱"，为提高参保人退休后的生活水平，必须对资金进行投资并取得收益。但在投资过程中，必然伴随着无处不在的风险，那么如何使风险与收益达到匹配，即在既定风险下提高收益或在既定收益下降低风险，必然是个人账户养老金投资中首先要考虑的问题。

（一）风险控制与投资组合

风险是财务中一个十分重要的概念。任何决策都有风险，这使得风险概念在理财中具有普遍的意义。"风险"一词,在生活中使用频率极高,人们在不同意义上使用"风险"一词。《现代汉语词典》对"风险"的解释是"可能发生的危险",似乎风险是危险的一种,是"危险"中"可能发生"的部分。但是,同样是该词典把"危险"解释为"遭遇损失或失败的可能性",那么其对风险的解释必然出现语义的谬误。

财务学中对风险正确的解释是"预期结果的不确定性",一般可以用标准差和标准离差率表示。风险不仅包括负面效应的不确定性,也包括了正面效应的不确定性。风险的概念比危险广泛,危险只是风险的一部分,风险的另一部分是"机会"。人们对机会需要识别、衡量、选择和获取,理财活动中不仅要管理风险,同样要识别、衡量、选择和获取增加投资收益的机会。

从外部投资主体的角度,风险可以分为系统风险和非系统风险两种。其中系统风险,是由于外部经济环境因素变化引起整个市场不确定性加强,从而对市场上的所有企业都产生影响的共同性风险。非系统风险是指由于特定的经营环境或特定事件变化引起的不确定性,从而对个别企业价值产生影响的特有性风险。非系统风险可以细化为经营风险和财务风险,各个企业的经营风险和财务风险都是不同的。

任何投资都必然承受系统与非系统风险,为减少投资损失的可能性,在既定风险下提高收益或在既定收益下降低风险,就有必要对投资的风险进行分析与控制。投资组合原理告诉我们,把资金同时投放于几种不同的资产,则形成了资产的投资组合。该组合的报酬率将是各种资产报酬率的加权平均,而标准差却小于或等于各资产的加权平均数,就起到降低部分风险之效。当组合中的资产达到一定数量，则各资产本身的非系统性风险将被完全消除。

（二）个人账户养老金的投资组合

个人账户养老金运营过程中，为合理控制风险，必须建立科学的投资组合，这需要做好三个方面的工作，即明确建立投资组合的原则、寻找合理的投资对象、确定各类投资对象的回报特征。对于最后一个问题，需要翔实的统计数据和大量的实证研究，鉴于本文主要是进行规范探讨，下面主要对前两个问题进行讨论。

1. 明确建立投资组合的原则

（1）稳健性原则。个人账户养老金是广大老百姓的养命钱，一旦投资失败，其影响的不仅仅是养老保险体制本身的运行，而且可能引发社会动荡，因此在建立投资组合过程中，必须坚持安全至上，规范经营，稳健投资，建立规范可行的投资程序。当然，稳健并不意味着保守，应该在风险与收益之间建立匹配关系，积极拓展投资领域。

（2）可行性分析原则。个人账户养老金规模巨大，存续时间较长，一旦投资后，组合中的某些资产具有不可逆转性，对养老金的财务状况和运营前景影响重大。因此，在建立投资组合之时，必须建立严密的投资决策程序，进行科学的投资可行性分析。该分析是投资组合决策的重要组成部分，其主要任务是对投资项目实施的可行性进行科学的论证，包括技术上的可行性和财务上的可行性。其中前者是对组合中的实物投资项目实施后的运行和发展前景进行预测，通过定性与定量分析比较实物投资的优劣；后者是对组合中各种项目的经营成果指标、财务状况指标、资金运行指标及收益和风险平衡关系的预测和分析。

（3）结构平衡原则。个人账户养老金的投资组合是一个规模巨大的综合性项目，不仅涉及流动资金和长期资金的匹配，还可能受到养老金筹资与分配过程中出现的资金需求超过资金供应的矛盾的影响。因此，在投资组合建立的过程中，要遵循结构平衡的原则，合理分布资金，包括了流动资金和长期资金的匹配关系、资金来源与资金运用的匹配关系、直接投资与间接投资的分布关系、发展性投资与维持性投资的配合关系等。

（4）动态监控原则。投资组合的动态监控是指对投资项目实施过程中的进度控制。对于实物投资，有一个具体的投资过程，需要按预算实施有效的动态投资控制；对于金融投资，持有过程中要广泛收集投资对象和资本市场的相关信息，全面了解被投资单位的财务状况和经营成果，保护自身的投资权益。

2. 寻找合理的投资对象

应该说，现有大多数关于养老金投资的研究更多着眼于资本市场，而忽略了实物投资。从总体上看，目前关于养老金实物投资的研究很少，其中大多泛泛地讨论养老金与房地产投资的关系，加上国外养老金投资的实践和国家对于养老金投资房地产的限制，关于养老金投资对象问题，基本上都是想当然地认为既然只能投资于资本市场，那么也就无须过多探讨。

笔者认为，养老金的投资对象，并不是仅限于资产市场的金融投资，而还应该包括实物投资。个人账户养老金属于国家财务本金的范畴，而我国又是社会主义国家，国有企业在国民经济中具有举足轻重的地位，二者的结合不仅可能，而且十分必要。因此，个人账户养老金的投资对象，可以有以下的选择：

（1）银行存款。它是准货币的一种，具有较高的安全性和流动性，但收益率较低，一般在养老金刚刚进入金融市场时占较大比重，随着金融工具选择的多样化，和养老金管理人投资经验的成熟，其比重会大幅度降低，其职能仅局限于满足养老保险计划的流动性需要。

（2）债券。它包括国债和企业债券，其收益率是预先确定的，只要能够按期兑付，投资者就可以得到预期的回报。国债的发行以国家政府为后盾，安全性极高，不存在违约风险，利率较低；公司债券受到发行公司经营与财务能力的影响，具有无法按期还本付息的可能性，安全性低于国债，由于违约风险的存在，其利率较高。国债的利息收入具有免税功能，加之目前我国企业债券市场尚不完善，因此个人账户养老金的投资主要应该选择国债。

（3）股票。它是股权投资工具，其收益率是由发行股票的企业的经营业绩和股市波动所决定，总体而言，企业的效益越好，投资者的回报率就越高。据统计，在1926—1996年的70年间，美国的小公司股票、大公司股票、长期国债、中期国债、国库券的平均收益率分别为19.02%、12.50%、5.31%、5.16%、3.76%，相应的标准差分别为40.44%、20.39%、7.96%、6.47%、3.35%[①]，可以看出股票收益明显高于国债，同样风险也较高。为了保证养老金的收益率，多数国家允许养老金投资于股票市场，近年来股票投资在很多国家的养老金投资中占有重要地位，股票资产在各国养老金资产中所占的比例呈现逐年上升

---

① 滋维·博迪：《投资学》，北京：机械工业出版社2000年版，第117页。

的趋势。应该指出，中国股市发育尚不成熟，且存在着巨大的系统性风险，个人账户养老金投资股市的比重不应过高。

（4）金融衍生工具（Financial Derivative Instruments）是基于或衍生于金融基础产品（如货币、汇率、利率、股票指数等）的金融工具。与其他金融工具不同的是，衍生工具自身并不具有价值，其价格是从可以运用衍生工具进行买卖的货币、汇率、证券等的价值衍生出来的。这种衍生性给予创新工具以广阔的运用空间和灵活多样的交易形式。目前，在国际金融市场上最为普遍运用的衍生工具有期货（futures）、期权（option）和互换（swap）。虽然就本身风险而言，金融衍生工具要高过其标的物的风险，但是通过合理的组合却可以起到规避甚至完全消除风险的作用。

（5）境外资产。为避免因国内经济周期或利润增长点变化而出现的系统性投资风险，个人账户养老金还可以投资于国外的资产，而且对国外投资还可以作为抗御进口产品价格上涨冲击国内经济的工具。特别是从长期发展来看，养老金投资于人口年轻化国家的资本市场还有助于解决本国老年人与年轻劳动人口之间的矛盾。目前社保基金理事会已经开始了这个方面的尝试，但必须注重投资中的汇率风险和政治风险。

（6）国有企业。个人账户养老金亦可投资于实物资产，虽然实物资产具有投资期长，流动性差的特点，对于一般的银行信贷资金来说并非最佳的选择，但由于养老金本身就是一种长期的储蓄资源，对安全性和收益性要求较高，而对流动性的要求并不严格，在达到一定规模后，日常缴费完全可以满足其现金流的需要。发展与壮大国有经济是中国历届政府始终坚持的一个原则，经过多年的努力，我国国有经济取得长足进步，近年来国企效益稳步提高，但是也有很多的困难，其中资金短缺一直是个无法回避的问题。个人账户养老金与国有资本同属国家财务本金的范畴，投资国企不仅可能而且必要，通过良性的管理与运作必将实现二者的双赢。

二、个人账户养老金与资本市场

（一）养老金与资本市场的互动理论

养老保险制度变迁中的市场化、金融化特征日益明显。关键之处在于养老保险制度改革的趋向是为了增进养老保险制度的经济效应，即通过建立完全积累制以促进资本市场的发展，进而推动实体经济的发展；反过来，资本市场、实体经济的发展又可以改善养老金的财务状况，从而使得养老保险体系与资本市场、实体经济之间呈现出良性互动的关系。目前，养老金与资本市场的互动关系已经并且将继续成为大多数国家社会保障改革的中心议题，成为国际社会保障的前沿及热点研究领域，成为完全积累制改革取向的关键性约束条件。

1. 资本市场对养老金的影响

资本市场对养老金的影响主要是通过两个途径实现，一是直接效应，即投资收益效应；二是间接效益，即经济发展效应。

从直接效应来看，资本市场的发展也就意味着资本市场宽度和深度的拓展，这将有助于养老金提高投资收益率。具体说来，资本市场宽度，即规模的拓展解决了资本市场容量不足问题。在养老金积累初期或者规模不大时，资本市场能够很好地满足养老金的投资需求。但是，随着养老金快速增长到一定积累规模，出于风险控制和资产流动性的要求，资本市场的市场容量将难以满足养老金的投资需求。因此，资本市场规模的不断发展有助于满足养老金投资需求。另外，资本市场深度，即投资种类的拓展有利于解决养老金入市承载主体不足问题。如果资本市场投资品种没有进行创新，养老金在不断积累的情况下对各类投资品种持有的规模越来越大，到达一定程度，基于风险控制和资产流动性的考虑，养老金将缺乏足够的投资品种，即养老金进入资本市场面临承载主体不足这一关键问题。即使在资本市场投资品种足够多的情况下，投资品种创新也更有利于养老金有效地分散投资风险、提高投资收益。因此，资本市场投资品种的不断发展有助于提高养老金的投资收益率。

从间接效益来看，资本市场的发展将影响社会总需求，从而推动实体经济的发展，而实体经济的发展将提高国民收入水平，进而增加养老金新缴费，最终促进养老金积累规模的增长。以养老金制度较为健全的美国为例，资本市场已经成为美国经济持续增长的助推器。一是资本市场促进了高新技术产业的发展。资本市场为高新技术企业开辟了融资渠道，同时也为投资于高新技术风险资本提供了退出渠道，极大地鼓励主要用于投资起步阶段的高新技术企业的风险投资。统计资料显示，对高新技术的投资是一项风险事业，在风险资金对高新技术企业的投资中，只要有约20%成功，但其投资回报将数倍于投资成本，就可以抵消失败投资造成的损失。目前，在美国投资的风险基金已超过480多亿美元。尤其是在硅谷，有超过200家的风险投资公司，风险资本总量占全美的35%左右。硅谷地区如今已有40万科技大军，300多家上市公司，如ORACLE、INTEL、YAHOO、CISCO、HP、APPLE等，年产值6000亿美元，凌驾于许多传统产业之上。二是资本市场上出现了大量的金融创新，分散了风险，增强了美国经济的稳定性。这主要表现在衍生金融工具和资产证券化方面，其中衍生金融产品大量涌现，在完善的交易规则和稳固的清算体制下，套利保值者可以锁定收益，而将价格波动的风险转嫁给投机者；而资产证券化，即商业银行和储蓄贷款机构将部分信贷资产分割为证券转而卖给市场上的投资者，由此风险就分摊到无数的投资者头上了。此外，由于约有 60% 的美国家庭持有股票，而近 10 年来美国证券市场持续牛市形成的财富效应，刺激了家庭消费，从而也促进了经济发展。

2. 养老金入市对资本市场的影响

个人账户养老金入市将为资本市场的发展提供长期稳定的资金来源，可以有效调节市场规模与资金供应的平衡。入市的影响主要表现在以下四个方面：

一是稳定资本市场，促进市场交易的现代化。养老金的投资注重长期性，交易行为较为稳定，有助于稳定资本市场。如养老金注入投资基金，将活跃基金市场，改变目前基金价格低于净资产价格进行交易的窘境，有利于基金市场价格的发现与回归。目前我国证券市场上投机气氛弥漫，跟风炒作现象严重，价格大起大落。一些上市公司完全没有股东价值的观念，上市公司的整体效益和给股东的投资回报率持续下降。这对投资者造成了很大的风险。这种不正常情况难以清除的一个原因是我国证券市场的投资者结构中机构投资者少，散户占绝对多数的问题。作为一个极具实力的机构投资者，养老金进入证券市场，有利于培育和壮大机构投资者的力量，强化理性投资的理念，促进证券市场的健康发展。作为典型的机构投资者，个人账户养老金遵循资金的安全性原则，侧重于资金的长期投资收益。长期稳定的资金进入股市，能在很大程度上削减纯粹投机者所带来的市场大幅波动的风险和不良后果，有效稳定市场。

二是有助于完善上市公司治理结构。养老金进行长期投资，作为股东比较关心被投资企业的经营管理。在投资者保护法制不完善的情况下，将养老基金等机构投资者引入股权过于分散或国有股权过于集中的股份公司，有利于加强对企业管理者的监督，缓解代理问题。虽然还没有非常充分的实证研究证明养老基金的监督能普遍提高企业的绩效，但监督至少可以约束企业管理者为所欲为，保护股东的权益。

三是有助于加强金融立法和监管，更好地保护投资者的利益。养老金的安全性、收益性与退休人员的收益及社会安定息息相关，因而对金融市场的监管提出了更高的要求。以智利为例，在20世纪80年代养老金改革之后，积极采取措施，加强信息披露，强调受托人对委托人的诚信原则，严厉打击内幕交易、违规自营等行为，加强对投资者的保护，同时建立了一套有效的风险分类体系，以弥补私营风险评级机构的不足，方便养老金选择更好的投资工具。

四是加快金融创新步伐。由于机构投资者投入的都是巨额资金，暴露的风险较大，需要避险。在国外，这方面的金融衍生工具非常丰富，而我国除极狭小的期货市场外，在这方面是个空白。这不利于资本市场的发展。股指期货将在近期引入，这一直是理论界和实务界讨论的一个热点问题。养老金机构投资者的入市会积极促进股指期货在我国的发展。而当前金融创新中的另一个焦点问题，即资产证券化，这是一个近年来在各国迅速发展的新领域，用以推动资金流动性的改善。我国最初引入这个概念是为了处理银行的不良资产，而证券化资产的销售对象主要是机构投资者，养老金的入市对此将有极大的促进作用。

3. 目前我国养老金与资本市场互动的约束条件

养老金与资本市场之间存在着相互影响的关系是不争的事实，但是二者间能否实现良性互动却非必然之题，它需要很多条件，如养老金的规模、资本市场的发育程度、政府的行政干预程度等，而这些条件在我国并不尽如人意。

（1）养老金规模较小

积累一定规模的养老金是实现养老金与资本市场良性互动的最基本的前提条件。据相关研究表明，实现互动所需的养老金规模应为 GDP 或股票二级市场的 20% 左右（维塔斯，2004）。从我国目前的情况看，基本养老金中的统筹基金缺口严重，而个人账户资金被挪用造成空账盛行，截至 2020 年 9 月，职工基本养老保险基金累计结余 4.97 万亿元，但是由于劳动和社会保障部对两种资金的"混账"管理、分散管理，这笔资金并未成为资本市场的参与者。而全国社保基金理事会所掌握的资产，截至 2005 年末为 2117.87 亿元，这相对于 2005 年 183084 亿元的 GDP 而言，比重不足 1.2%，不难看出我国养老金的规模实现太小。

（2）资本市场发育不成熟

作为理想的理论模式，资本市场的功能包括融资、警示、调整和约束四大功能。然而综观我国资本市场发展状况，就可以看出其功能还相当有限，较之理想的理论模式尚有很大的距离。首先是融资功能不足，我国股市经过前几年的迅猛发展，自 2001 年 6 月中旬步入熊市以来已经长达四年半之久，股市融资的绝对量及其较之银行融资的相对量都在大幅地下降，从 2006 年开始由于股权分置改革和人民币升值等因素的影响，股市由熊转牛，但随着金融的日益开放，国外热钱及炒作现象严重；其次是警示功能微弱，股市创建至今的十几年中，无论是股价的上涨阶段，还是股价下跌阶段，其警戒功能都不明显，有时甚至还不具有这一功能，股市尚未成为经济运行的"晴雨表"，另外从个股价格的角度而言，由于炒作等原因，与公司经营发展状况相脱节，从而不能准确反映上市公司的经营业绩和管理水平；再次是调节功能极为有限，2001年前，我国股票的发行实行审批制，其带有强烈的计划经济色彩和行政的性质，一来造成了上市公司的质量难以保证，二来基本把民营企业拒之门外，虽然 2001 年证券管理部门废止了审批制，但这些行政审批下上市的公司没有退市的机制和通道，于是造成了股票上市结构背离产业结构调整方向，加剧了产业结构的失衡；最后是约束功能不强，上市公司治理结构的问题重重，在国有股一股独大的情况下，广大中小股东通过股票交易活动对公司管理层的"用脚投票"方式根本发挥不了多大作用。从资本市场总体而言，投资风险较大，这主要表现在：一是投资工具少。国债发行市场化程度低，发行利率偏高，短期和长期国债比重较小；企业债券长期发展不起来；金融衍生产品更是缺乏，投资者无避险工具。二是上市公司质量低下，股票市盈率过高，隐含较大的风险。三是证券经营机构尚未形成有效的内部制约机制，内幕交易、操控市场等违法违规行为时有发生。四是证券监管部门仍存在相当程度的行政干预，会计审计、律师事务所、信用评级公司等"金融警察"的作用没有真正发挥出来。

（3）行政干预过多

政府干预可能使养老金根本目的的定位发生偏离。养老基金的根本目的，应是在可接受的风险水平上为参保人谋求最大的长期收益，例如美国加州便通过立法对此加以明确。这促使基金管理者尽可能通过投资于资本市场，以获得最大的收益。中国目前试图通过提高企业缴费来解决养老体制的隐性债务问题，为了减轻企业负担，绝大多数地区实行统筹基金与个人账户资金的"混账"管理，向个人账户透支，以后再补充个人账户。从实际情况看，个人账户不但不能补实，反而缺口越来越大。另外一个问题是养老金的监管模式。由于资本市场不发达，刚建立基金制养老保险时，对养老基金进行严格的限量监管无疑是很必要的。但随着资本市场的发展，如不及时放松管制，它们可能成为资本市场发展的"瓶颈"。这主要表现在三个方面：一是所有的养老储蓄只能由专门的养老基金管理公司管理，保险公司、共同基金等金融机构与该市场无缘。这可能会抑制养老金市场上的竞争，导致基金管理高成本、低效益，减弱养老计划的吸引力，最终不利于资本市场的发展。二是限制基金的投资组合，严格控制基金投资股票、金融衍生工具和外国证券。三是要求基金的投资收益达到一定水平。后两点都容易导致基金的投资普遍偏保守，投资组合趋同，不利于高风险、高收益的金融工具的发展；而且市场一有风吹草动，养老基金就会受到冲击。

（二）国外养老金的投资

在分析了养老金与资本市场互动关系问题之后，我们将看一下实行完全累积制的智利和新加坡在养老金投资方面的先进经验，以资作为下文探讨我国个人账户养老金投资运营的范例。

1. 智利养老金的私营化投资运作

智利养老金收入、支出、投资等工作均由养老金管理公司负责。养老金管理公司是专门为运作养老金而成立的股份公司，性质为民营机构。养老金管理公司只能从事养老金及相关业务，其他公司不得从事养老金业务。参加养老保险体系的成员可以自由选择养老金管理公司，并可以更换。智利目前有 18 家养老金管理公司，股东大多数为商业银行。同时，养老金管理公司的资产与所经营的个人账户养老金资产要分开经营。养老金的经营收益全部归养老金。养老金管理公司可以按缴费者工资的 3% 向缴费者收取佣金，除一部分作为伤残保留费外，其余为公司的经营收入，也可视为管理费。养老金管理公司经营不善，可以申请破产，但只限于公司自身资产，不损失养老金资产。

为了控制投资风险，智利政府对养老金的投资及管理有非常严密的规定，具体表现在以下几个方面：①可投资范围。智利养老金的投资范围是逐步放宽的，在养老金制度改革初始，养老金只被允许投资于政府公债；后来，随着股票市场的繁荣，养老金的投资逐步扩大到股票和公司债。80年代中期开始，养老金开始投资于公共设施公司的股份，而到了 90 年代，智利养老金基金开始投资于国外市场。②风险分类：智利资本市场上由私人机构发行的债券、股票必须经过风险分类。这项工作由政府认可的私人风险评估公司承担，养老金管理公司根据市场情况做出投资计划后，要经政府的养老金投资委员会最终决定养老金的具体投资项目。③投资限制：为防止将养老金投资到某一单一项目上，减少投资风险，法律规定了养老金的投资上限，即对一种项目投资不能超过养老金总额的 30%，但对政府债券的限制则相对宽松（具体见表4-1）。④投资市场限制：养老金投资必须在规定的市场上进行，并且要符合最低要求，即买卖双方面议价格、对外公开信息、具体完备的基础设施和完善的内部规章。⑤养老金证券的安全保管：如果某一证券的投资来源90%以上为养老金，则这些证券必须被保管在智利中央银行或证券存款公司。⑥最低收益保证：为保证养老金投资的收益，养老金管理公司每月的投资收益不能低于过去12个月全部养老金平均实际收益率2个百分点。如某月前12个月养老金平均收益率为5%，则该月养老金投资收益不能低于3%。⑦收益波动准备金和现金准备金。如某一养老金管理公司投资收益率低于最低收益标准，则可用收益波动准备金和现金准备金弥补。收益波动准备金的来源包括：养老金投资收益高于前12个月平均投资收益率2个百分点以上的部分可以提取转作收益波动准备金。现金准备金的来源包括：养老金管理公司自行筹措不低于所管理全部养老金1%的资金，作为现金准备金。⑧政府保底：如养老金管理公司投资失败，而收益波动准备和现金准备金均不能保证最低收益时，由政府财政予以弥补。

表4-1　智利对养老金的投资比例限制①

	下限	上限	实际投资
政府债	35%	50%	40%
金融债	30%	50%	-
公司债	30%	50%	5%
定期存款	30%	50%	13%
到期存款	30%	50%	-

---

① 资料来源：社会保障基金理事会网站，www.ssf.gov.cn。

续表

	下限	上限	实际投资
股票	30%	40%	19%
抵押贷款	10%	20%	17%
外国证券	6%	12%	4%

注：1. 数据截至 1998 年底；

　　2. 实际投资中包括 2% 的其他投资；

　　3. 数据来源：afp industry association，Chile，1999。

实践证明，智利养老金私有化运营取得了巨大的成功。这主要表现在以下三个方面：一是促进了养老保险基金的保值增值，减轻了政府的财政负担。十几年来，智利养老基金公司平均利润率达到 12.8%—15%，到 1996 年 8 月，智利养老基金累积额已经达到 218 亿美元，相当于智利国内生产总值的 38%。政府由过去的基金主要筹集者角色转换为养老保险市场监管者角色，从负无限责任转变为负有限责任，即只对低收入阶层提供最低收入保障，从而大大减轻了政府的财政负担。二是养老金直接与个人账户储存额挂钩，激发了工人缴费积极性，参加人数猛增。1994 年已经达到 477 万人，占国内就业人数的 90%。三是有效减轻了企业负担，降低了企业的生产经营成本，有助于提高企业的竞争能力。"旧制"中，雇主缴费 20%，雇员缴费 15%，合计 35%。实行"新制"后，只要求雇员缴费 10% 加 3% 的佣金。企业的缴费负担大大减轻，这样企业便可以面对市场竞争"轻装上阵"，提高竞争能力。企业负担的减轻，归根结底得益于养老金管理公司有效的投资运营。这也有利地促进了国民经济的发展。进入 20 世纪 90 年代后，智利国民经济的年均增长率超过 7%，财政收支也连续 10 年出现盈余。

2. 新加坡中央公积金的投资管理

新加坡中央公积金管理局到目前为止实施的促进公积金资产的保值增值投资计划，包括基本投资计划、新加坡巴士有限公司股票计划、非住宅房地产计划、填补购股计划等。第一，基本投资计划。是指会员可动用 80% 的公积金存款或普通账户中的余额投资于股票、政府债券、储蓄人寿保险等方面，以实现资产的保值增值。满足下列三个条件可以参加投资计划：年龄在 21 岁以上；不是未偿清债务的破产人；公积金账户有足够的存款。参加投资计划的会员，可以独立选择投资工具实现投资增值，但为此必须承担可能出现的投资收益率达不到中央公积金管理局所提供的无风险收益的风险，甚至出现负收益。只有投资收益中超过无风险收益的那部分，投资人才有权提取。会员也可以不进行自主投资，而交由中央公积金管理局负责，这样他将获得固定的无风险的收益，这些收益必须留存在公积金账户中，不得提取。在公积金投资计划中，投资工具包括：股票、单位信托、黄金（投资额的 10% 为上限）、政府公债、政府担保的债券、银行定期存款、储蓄人寿保险等。第二，新加坡巴士有限公司股票计划。这项投资计划是为了使会员利用其公积金存款购买新加坡巴士有限公司的股票，并成为新加坡主要公共交通服务公司的股东。该计划规定，凡年龄超过 21 周岁而且没有破产的会员，都可动用其公积金存款来购买新加坡巴士股份有限公司的股票，购买上限为 5000 股。该股票可以委托股票经纪人出售，股票一旦售出，动用公积金购买股票的款项就会退还到该会员的公积金账户上。如果股票的持有人去世，他所拥有的股票将会交给死者的遗产管理人。第三，非住宅产业计划。该计划允许会员用公积金储蓄投资写字楼、商店、工厂和仓库等非住宅房地产。会员可以单独或合伙购买这类房地产。在该计划下，凡没有破产的会员，都可提取公积金存款，用于直接付款给产业发展商或卖主以购买一套非住宅产业；偿还全部或部分非住宅产业贷款；摊还非住宅产业的每月分期贷款。会员提款的数额为普通账户中现存的100%的公积金存款和其今后每月存进普通账户的100%公积金存款。第四，填补购股计划。该项计划是协助新加坡人拥有国有机构私营化后所出售的股票。凡年龄在21岁以上的新加坡公民，只要在其公积金账户存入所规定的款项，就可参与该项计划。实施这个计划是为了推动新加坡人更多地长期持有政府控股的上市公司的蓝筹股，从而控制政府控股公司的长期投资。

从其投资计划的组成可以看出，新加坡中央公积金主要投资于政府债券，以及工业、住宅和基础设施建设，安全性较高，但收益较低。从1989年到1998年，中央公积金的平均名义收益率为3.51%，扣除通货膨胀因素，实际的无风险中央公积金收益率为1.28%，总体上来看，其收益率处于相对较低的水平（详见表4-2）。至1990年6月底，公积金会员达到200万人，公积金存款总额达到300亿新元，相当于214.5亿美元。1999年，基金总额达到928亿美元，每年收缴128亿美元。

表 4-2　中央公积金历年存款的名义收益率（1961—2002）[1]

年月	收益率（%）	年月	收益率（%）
1961 年	2.50	1987 年	4.34
1963 年	5.00	1988 年	3.19
1964 年	5.25	1989 年	3.10
1967 年	5.50	1990 年	3.77
1970 年	5.75	1991 年	4.85
1974 年	6.50	1992 年	4.59
1986 年 3 月	5.78	2001 年	2.50
1986 年 7 月	5.38	2002 年	2.50

　　实践证明，新加坡中央公积金的投资运作是比较成功的。主要表现在以下三个方面。一是降低了政府的负担，为国家经济建设筹集了大量资金。新加坡的中央公积金制度是集中管理和强制性管理程度都很高的社会保障制度。新加坡政府利用其高度的社会控制能力，强制性地使人民必须为自己的保障之需进行预防性储蓄和投资。这个制度最大限度地节约了政府的社会福利开支，同时又为政府的公共设施建设，如新加坡电信、公共交通、住房建设等提供了一个主要的资金来源。二是在一定程度上促进了社会稳定和国民健康与福利。中央公积金在积累的过程中，会员可以使用公积金来买房、购买产业或进行投资以提高收入。人们有了自己的家园，"居者有其屋"，再加上在养老和医疗上保障较好，这就能较好地免除个人和家庭的后顾之忧，人人安居乐业，从而增强了

---

　　① 资料来源：社会保障基金理事会网站，www.ssf.gov.cn。

国家的凝聚力，有利于社会的安定。三是在资产保值增值方面，政府提供了强有力的保障，而且给予了会员一定程度上的投资选择权。中央公积金三个账户的平均存款利率高于同期银行存款，这在一定程度上缓解了通货膨胀的压力；在引入投资计划后，会员可以自主选择投资于各种类型的金融工具，包括股票、基金、债券、保险、存款等，也可以委托政府进行管理获取稳定的收益，这就能够满足各类人士的需求。

（三）中国养老金的投资现状

中国的养老金主要包括基本养老金、社保基金和企业年金，由于企业年金目前在我国比例不大，且主要属于微观层面的问题，在这里我们主要探讨前两种养老金的投资状况。

1. 基本养老金的投资状况

多年来中国政府一直致力于"统账结合"的基本养老保险制度的建设，但是由于未对隐性负债债务人作明确界定，加之劳动和社会保障部对统筹资金和个人账户资金实行"混账"管理，"统账结合"变成"统账融合"。虽然自 20 世纪 90 年代以来，我国的基本养老金结余一直在稳步增加，但是这主要源于"人口红利"下的就业人口增加和财政的相关补助，投资收益的贡献微乎其微。人力资源和社会保障部作为一个行政管理机构，不适合也没有能力对规模巨大的个人账户养老金进行管理与运营，大量的资金结余目前基本都是存入商业银行和购买国债，在目前通货膨胀日益加重的情况下，实现资金的保值都成问题，更不用提增值的问题了。因此，目前做实个人账户、成立有效的管理与运营主体、提高投资收益已经是当务之急。

2. 全国社保基金理事会的投资①

2000 年 8 月成立的全国社保基金理事会的第一次入市尝试是在 2001 年 7 月中石化 A 股发行之时，社会保障基金就作为特殊战略投资者以 4.22 元的发行价认购了 3 亿股，占股份总数的 0.346%，成为中石化的第 10 大股东。由于中石化 A 股上市后很快跌破发行价，而社会保障基金持有的 3 亿股中石化 A 股的成本为 12.66 亿元，至 2001 年 12 月 31 日，股票市值 10.35 亿元（以当日收盘价 3.45 元计算），股票投资浮亏为 2.31 亿元。

2001 年 12 月，全国社会保障基金理事会第一届理事大会第一次会议的召开标志着社会保障基金的投资运营正式启动。与此同时，财政部、劳动和社会保障部共同颁布了《全国社会保障基金投资管理暂行办法》，这标志着社会保障基金可以有序地进入资本市场。该办法对社会保障基金投资运作的基本原则、理事会职责、投资管理人职责、托管人职责以及信息披露和报告等方面作出了明确的规定。在投资管制数量方面的主要规定为：①银行存款和国债投资的比例不得低于 50%。其中，银行存款的比例不得低于 10%。在一家银行的存款不得高于社保基金银行存款总额的 50%。②企业债、金融债投资的比例不得高于 10%。③证券投资基金、股票投资的比例不得高于 40%。

2002 年社会保障基金一直致力于进入二级市场的前期准备。2002 年 8 月，社会保障基金理事会开始寻找投资管理人。2002 年底，挑选投资管理人的工作尘埃落定。理事会通过公开招标的形式，经专家委员

---

① 本段数据资料主要来源于社保基金理事会网站，www.ssf.gov.cn。

会评审，从 1998 年、1999 年首批成立的 10 家基金管理公司中，选定南方、博时、华夏、鹏华、长盛、嘉实 6 家作为投资管理人，中国银行和交通银行为基金托管人。从总体上而言，2002 年社会保障基金的资产结构与 2001 年相比没有太大变化，资产收益率也保持在较低水平，仅为 2.75%。

2003 年 6 月 9 日，6 家基金管理公司管理的社会保障基金正式进入二级市场运作，这是我国养老基金首次规范地进入二级市场。根据《全国社会保障基金投资管理暂行办法》的有关规定，允许社会保障基金进入股市的资金不得超过其非财政拨款的 40%。2003 年社会保障基金总资产为 1325 亿元，其中非财政拨款的资金为 200 多亿元，按照40% 的上限比例推算，允许进入国内股市的基金应为 80 多亿元。从披露的数据来看，2003 年社会保障基金频频出手，进入股市的资金在 67 亿元左右。尽管 2003 年股市行情十分低迷，但是基金的绝地大反击不仅部分修复了专业管理人的声誉，也让社会保障基金受益不少。据理事长项怀诚透露：2003 年占资产总量 5.1% 的股票投资，收益率占了整个社会保障基金收益的 24%。虽说一年的收益远不足以说明问题，但这在很大程度上坚定了社会保障基金加大股票投资的决心。

2004 年社会保障基金增加了境内股市的投资比重，计划从上年的 5.1% 提高到 15%，以进一步提高基金收益。从前三季度来看，社会保障基金仍然保持了良好的投资收益率。由于社会保障基金资本市场投资规模的进一步扩大，为了更好地分散投资风险，社会保障基金理事会扩大现有基金管理公司的管理规模。历时近 2 个月，2004 年 10 月 23 日，社会保障基金理事会确定增加易方达基金管理有限公司、招商基金管理有限公司、国泰基金管理有限公司和中国国际金融有限公司为全国社会保障基金第二批投资管理人。

2005年5月，根据社保基金年度投资计划，社保基金会决定设立稳健配置产品，向现有10家社保基金管理人发出了招标通知。管理人按照通知中事先确定的投资方针大纲提交了详细的产品计划，并于7月初进行了面试答辩。最终，社保基金会确定易方达、嘉实、长盛和招商4家管理人管理稳健配置组合，四个组合共委托资产40亿元。在投资范围上，稳健配置产品可投资股票、封闭式基金、可转债、普通债券以及货币市场工具，具有中等风险、中等收益的特征，有助于进一步丰富和完善社保基金会委托投资的产品链。与相对回报的指数型产品相比，稳健配置产品的收益与市场指数的相关度较小，不大受市场指数的约束，资产类别配置相对灵活。在不同的市场环境下，管理人均以为委托资产提供稳定回报为目标，避免收益的大起大落。该产品旨在充分发挥管理人的管理能力，尤其是挖掘管理人在大类资产上的配置能力。2005年度报告显示，社保基金资产总额2117.87亿元，比年初增加406.38亿元。期内实现收益52.90亿元，已实现收益率3.12%。

截至2006年6月30日，全国社保基金资产总额2827.69亿元，其中社保基金会直接投资资产1771.05亿元，占比62.63%；委托投资资产1056.64亿元，占比37.37%。基金负债57.86亿元，为社保基金会受托管理的行业统筹基金本息及其他应付款项。基金权益净增加815.56亿元，其中全国社保基金权益净增加769.89亿元，包括财政拨入净增加574.24亿元，投资收益转入195.65亿元；个人账户基金权益增加45.67亿元，包括委托个人账户资金增加45.52亿元，投资收益转入 0.15 亿元。加上基金权益期初余额 1954.27 亿元，本报告期末，基金权益总额为 2769.83 亿元，其中全国社保基金权益 2724.16 亿元，个人账户基金权益 45.67 亿元。在经营业绩方面，实现收益 195.80 亿元，已实现收益率 9.34%；本报告期浮动盈利增加额 423.99 亿元，经营业绩 619.79 亿元，以此计算的经营收益率为 29.01%。

2008 年，全球金融危机爆发以来，中国股市相对低迷，近年来，实体经济下行压力加大，2017 年和 2018 年，全国社保基金投资收收益大幅下滑，当经过 2019 和 2020 年的努力，提资收益得以回升。

2017 年末，基本养老保险基金资产总额 3，155.19 亿元。其中：直接投资资产 934.69 亿元，占基本养老保险基金资产总额的 29.62%；委托投资资产 2，220.50 亿元，占基本养老保险基金资产总额的 70.38%。基本养老保险基金负债余额 336.18 亿元，主要是基本养老保险基金在投资运营中形成的短期负债。基本养老保险基金权益总额 2，819.01 亿元，其中：委托省份基本养老保险基金权益 2，815.81 亿元，包括委托省份划入委托资金本金 2，731.50 亿元，记账收益 83.43 亿元，风险准备金 0.88 亿元；基金公积 − 0.68 亿元（主要是可供出售金融资产的浮动盈亏变动额）；受托管理基本养老保险基金风险基金 3.88 亿元注。基本养老保险基金投资收益额 87.83 亿元，投资收益率 5.23%。其中，已实现收益额 76.42 亿元（已实现收益率 4.55%），交易类资产公允价值变动额 11.41 亿元。

2018 年末，基本养老保险基金资产总额 7，032.82 亿元。其中：直接投资资产 2，456.13 亿元，占基本养老保险基金资产总额的 34.92%；委托投资资产 4，576.69 亿元，占基本养老保险基金资产总额的

65.08%。基本养老保险基金负债余额793.41亿元，主要是基本养老保险基金在投资运营中形成的短期负债。基本养老保险基金权益总额6,239.41亿元，其中：委托省份基本养老保险基金权益6,232.95亿元，包括委托省份划入委托资金本金6,050亿元，记账收益181.08亿元，风险准备金1.87亿元；基金公积2.58亿元（主要是可供出售金融资产的浮动盈亏变动额）；受托管理基本养老保险基金风险基金3.88亿元注。基本养老保险基金权益投资收益额98.64亿元，投资收益率2.56%。其中，已实现收益额145.27亿元（已实现收益率3.81%），交易类资产公允价值变动额 −46.63亿元。

2019年末，基本养老保险基金资产总额10,767.80亿元。其中：直接投资资产4,054.01亿元，占基本养老保险基金资产总额的37.65%；委托投资资产6,713.79亿元，占基本养老保险基金资产总额的62.35%。基本养老保险基金负债余额832.18亿元，主要是基本养老保险基金在投资运营中形成的短期负债。基本养老保险基金权益总额9,935.62亿元，其中：委托省份基本养老保险基金权益9,885.76亿元，包括委托省份划入委托资金本金9,081.77亿元，记账收益795.48亿元，风险准备金8.51亿元；基金公积3.15亿元（主要是可供出售金融资产的浮动盈亏变动额）；受托管理基本养老保险基金风险基金46.70亿元。基本养老保险基金权益投资收益额663.86亿元，投资收益率9.03%。其中：已实现收益额433.34亿元（已实现收益率5.94%），交易类资产公允价值变动额230.52亿元。

2020年末，基本养老保险基金资产总额13,950.85亿元，负债总额1,506.27亿元（主要是基本养老保险基金在投资运营中形成的短期负债)，权益总额 12，444.58 亿元，其中：直接投资 4，700.06 亿元，占比 37.77%；委托投资 7，744.52 亿元，占比 62.23%。基本养老保险基金权益总额 12，444.58 亿元，其中：委托省份基本养老保险基金权益 12，312.05 亿元（包括委托省份委托本金 10，457.93 亿元，记账收益 1，834.26 亿元，风险准备金 19.86 亿元）；基金公积 0.19 亿元（主要是可供出售金融资产的浮动盈亏变动额）；受托管理基本养老保险基金风险基金 132.34 亿元。基本养老保险基金权益投资收益额 1，135.77 亿元，投资收益率 10.95%，其中：已实现收益 853.27 亿元（已实现收益率 8.50%），交易类资产公允价值变动额 282.50 亿元。

从社会保障基金成立至今的投资历程可以看出，社保基金经过尝试性入市之后，开始稳步、有序、稳妥地加大入市步伐。其投资经验与教训可以为今后个人账户养老金的管理与运营主体在具体实践中提供参照。

(四) 个人账户养老金与债券市场

在个人账户养老金的投资组合中，固定收益的债券是不可或缺的组成部分，在观察了国内外养老金投资现状之后，笔者将分析影响债券安全性的因素、债券投资的管理方式以及个人账户养老金的债券投资中应该注意的问题。

1. 影响债券安全性的因素

影响债券投资风险的因素很多，最主要的是违约风险与利率风险，在个人账户养老金债券投资组合建立的过程中，安全性是一个首要问题，因此，必须关注债券的违约风险。一般来说，债券对投资者承诺一笔固定收益，但这笔收益并非没有风险，除非投资者可以确认发行者不会违约。尽管可以认为国债不存在违约风险的问题，但对于公司债券而言，就并非如此了。公司一旦破产，债券持有人就不能将事先得到承诺的所有款项收回。

在美国，债券违约风险的测定是由信用评级机构负责的，其代表性机构有标准普尔公司、穆迪投资公司、达夫与费尔普斯及菲奇投资者服务公司，它们提供商业公司的财务信息并对大型企业债券和市政债券按质进行信用评级。借鉴这些机构对违约风险的评定办法，笔者认为影响债券安全性的因素主要有五个方面。一是偿债能力比率，即公司收入与固定成本之间的比率，如利息偿付倍数是公司经营业务收益与利息费用的比例，固定支出偿付倍数是公司经营业务收益与固定支出的比率，低水平或呈下降趋势的偿债能力比率意味着可能发生现金流动困难的问题。二是杠杆比率，包括资产负债率与产权比率，过高的杠杆比率表明负债过多，标志着公司无力获取足够的收益以保证债券的安全性。三是流动性比率，最常见的两种流动性比率是流动比率，即流动资产与流动负债的比值，以及速动比率，即不包括存货在内的流动资产与流动负债的比值，这些比率反映了公司对新筹集的资金进行偿还的能力，应该指出的是目前我国企业信用水平较低，债务拖欠现象严重，因此必须考虑应收账款的可收回性及其对企业流动性比率的影响。四是获利能力比率，它是一个公司整体财务状况的指示器，其中最常见的指标是总资产收益率，即息税前收益与总资产的比值，具有较高总资产收益率的公司在资本市场上更有能力筹资，因为它们的投资有更好的回报，债券的安全性自然就更高。五是现金流对总负债比率，即年度经营活动产生的现金流量与当期债务的比值，表明现金流量对当期债务偿还的满足程度。

目前，中国的信用评级还在成长阶段，国际评级和资本市场少有中国人的声音。我们站在国家发展战略的高度定位和设计中国评级业发展的目标，应采取有效措施大力扶持这个行业的发展。信用评级提高了投资风险的透明度，加快了投资人决策的速度，从而推动资本在有效的流动中增值。信用评级通过对债务人可能发生的偿债风险的主客观因素进行综合分析判断，给出违约程度信息，投资者可直接依据评级作出投资决定，不必在纷杂的信息中花费精力寻找判断风险的依据。持续不断地向资本市场提供信用评级信息可以保证债务存续期的全程风险监控。信用风险形成的因素是变动的，在向市场第一次提供评级信息后，必须对债券发行主体进行跟踪评级，形成信用信息链。这样，资本在第一次交易后，还可以连续进行多次交易，使资本市场正常运行。

2. 债券投资组合的管理策略

当今社会，利率的波动是一种常态，随着利率的涨落，债券投资人的资本会相应地增加或损失，即便是持有国债，本息支付虽有保证，利率波动仍然会使固定收入的投资具有风险，这便是债券投资的利率风险。

利率风险可以用债券或债券资产组合的利率敏感性来进行测度，其决定因素包括债券的到期时间、票面利率和到期收益率。针对这些因素，债券投资组合的管理分为消极策略和积极策略两种。

消极策略通常把债券的市场价格作为公平价格，并试图控制持有的债券组合的风险。同试图利用优越的信息或洞察力来跑赢大市的策略相比较，消极的管理者更倾向于在既定的市场机遇的条件下保持一个适度的风险收益平衡。经常使用的两种消极管理的策略是债券指数基金策略和免疫策略，前者试图让管理的债券组合重复一个已有指数的业绩，而后者试图将债券组合与利率风险隔离或豁免资产组合的利率风险。免疫策略更多为银行业、保险公司和养老基金所采用，其中银行业关注的是其资产与负债在期限结构方面的匹配情况，一般采用净值免疫，养老金需要考虑未来的支付义务，而不是资产的当前净值，养老金运营机构需要通过目标日期免疫策略，使资产和负债的久期匹配，以确保在利率多变的情况下仍然能够确保债券组合有向退休人员支付养老金的能力。

积极策略更倾向于寻求更大的利润，而不仅仅考虑相伴而来的风险，在债券投资组合管理中有两种积极管理形式，一是通过利率预测来预计整个债券市场的运作情况，一是运用某种形式的内部市场分析识别那些价格失衡的特定债券。这是一种试图跑赢大市的策略，风险较大，并不适合注重债券组合安全性的养老金投资。

3. 个人账户养老金的债券投资

尽管中国的债券市场在20世纪80年代早期发展迅速，但是该市场在整个金融系统中所起的作用不大。银行业支配着整个金融体系，其资产占金融总资产的70%以上。中国的债券市场不仅规模较少，而且完全受政府支配。截至2004年底，政府债券占已发行债券总额的97%，剩下的3%主要是国有企业和商业银行发行的债券。因此，个人账户养老金针对国内债券市场的投资基本上就局限于购买国债了。在境外债券投资方面，由于近期人民币对美元的持续贬值，目前投资风险较大。

既然个人账户养老金债券投资对象的选择范围基本上局限于国债，那么在债券组合构建中，考虑相对较多的应该是如何应对利率风险，而非违约风险。在处理利率风险时，由于积极策略考虑更多的是高风险下伴随的高收益，因此个人账户养老金投资时，更应采用消极策略。

目前，在我国养老金管理改革过程中，出现了较为严重的隐性债务问题。这一问题的性质和解决思路，笔者已经在第一章中详细探讨，并指出财政应该作为隐性债务的债务人，而财政在偿还债务时所需的资金来源主要包括国有资产变卖收入、国有股划转、调整财政支出结构、发行特种国债、社会捐赠和福利彩票收入。笔者认为，特种国债可以将一定比例定向发行向个人账户养老金的管理运营机构。这种方式有两个方面的好处。一方面，做实后的个人账户养老金资金雄厚，债券投资本来就是其资产组合中不可或缺的一个组成部分，特种国债的定性发行，不仅解决了财政弥补隐性债务的资金需求问题，而且为个人账户养老金的投资提供了一个安全可行的渠道。另一方面，缓解了目前隐性债务责任主体认定过程中的矛盾问题。隐性债务形成原因决定了财政承担责任的必然性，但现在产生争议的原因是财政有着自身的困难，作为发展中的大国，用钱的地方太多，虽然财政收入连年激增，但仍不能满足日益增加的支出需求，因此财政消极对待隐性债务问题也在情理之中。但个人账户空转、资金无法实现保值增值的问题始终是要解决的，笔者认为特种国债的定向发行方式，将用于弥补统筹资金缺口而被挪用的个人账户资金转为财政对个人账户养老金管理主体的债务，必将缓解现实中的争端，为各方所接受。

（五）个人账户养老金与股票市场

个人账户养老金投资股市已经是大势所趋，但是股票投资中一句常说的话，就是"股市有风险，投资需谨慎"，因此在养老金入市的过程中，必须关注其中的风险，进行翔实的基本面分析与技术分析，并与衍生金融工具相结合，达到控制风险和提高收益的目的。

1. 股票投资的基本面分析与技术分析

在一个有效的股市中，股价遵循随机漫步的规律，其只对新信息作出反映，从而是不可预测的。但这并不否认证券分析的作用，否则巴菲特岂不成了"先知"？随机漫步的股价是高明的投资者竞争的结果，而竞争的手段是详尽而科学的股票投资分析，这包括基本面分析和技术分析两种。

基本面分析是指对股票价值决定因素的分析，这些因素包括宏观经济因素、行业因素和公司自身因素。其中，宏观经济因素是指经济周期、国家的财政状况、金融环境、国际收支状况、国家财政状况等的变化对股价的影响；行业因素是指行业在国民经济中地位的变更、行业的发展前景和发展潜力、新兴行业带来的冲击，以及上市公司在行业中所处的位置、经营业绩、经营状况、资金组合的改变及领导层人事变动等对股价的影响；公司自身因素是指上市公司的经营业绩、资信水平以及连带而来的股息红利派发状况、发展前景、股票预期收益水平等对股价的影响。

技术分析是指根据股价本身的变化来预测股价的走势。技术分析主要包括价、量、时、控四大因素，并基于三大假设：市场行为包容消化一切、价格以趋势的方式演变、历史会重演。技术分析者强调图表的重要性而坚决反对根据基础分析来进行交易决策。流行的技术分析流派中比较著名的有道氏理论、波浪理论、江恩理论、魔山理论、混沌理论、捷径判断理论。

基本面分析和技术分析的起点和终点是一致的，即更好地把握投资时机，进行科学决策，以达到赢利的目的。但在具体操作中，存在着较大的差异，主要表现于三个方面：一是二者的分析依据不同，基本面分析依据相关的经济金融知识和经验得出某种倾向性的看法，而技术分析依据市场行为包容消化一切、价格以趋势的方式演变、历史会重演的三大假设；二是二者的思维方式不同，基本面分析是理论性思维，通过列举所有影响行情的因素，并研究其对股价的影响，而技术分析是一种经验性思维，依据市场价格变化规律，采用已有资料推导将来的行情；三是二者的投资策略不同，基本面分析注重与股票的内在投资价值，研究股价的长期走势，而技术分析注重对市场趋势的预测，研究股价短期变动以资获得短线收益。

个人账户养老金投资股票的主要目的是通过中长线的价值投资取得收益以应付日后养老金支付的需要，因此往往忽略短期的股价波动，因此在投资分析中更多地使用基本面分析的方法，而以技术分析为辅。

2. 股票与衍生金融工具的组合

期货与期权是两种最主要的衍生金融工具，目前在我国都已经出现。其二者价值都依附于其他更基本的标的变量，相对于股票投资而言具有放大风险的作用。但是，通过与股票建立合理的组合，却可以达到规避甚至完全消除风险的效果。

（1）期货及其与股票的投资组合

期货实质是一种远期合约，规定交易双方在未来一定时期按规定的价格交易某种资产。按照标的资产的不同，主要分为商品期货、股指期货、利率期货、国债期货和外汇期货等。鉴于我们主要研究股票与期货的投资组合问题，在此仅对股指期货作出说明。

　　股指期货是以股票指数为依据的期货，是买卖双方根据事先的约定，同意在未来某一个特定的时间按照双方事先约定的股价进行股票指数交易的一种标准化协议。投资股指期货最重要的经济功能在于，可以把它作为一项资产加入由传统的股票和债券所构成的投资组合中，起到显著地降低投资组合的收益波动风险，同时增加投资组合回报的作用。根据投资者资金实力、风险承受水平、投资目的，股指期货的主要市场操作策略可分为套期保值、套利和投机三种基本类型。套期保值是指在股票市场上买进（或在融券制度下卖出）一定数量股票的同时，在期货市场上卖出（或买进）数量相当的股指期货，以达到防止股票价格下跌（或上涨）的目的，可分为买入套期保值和卖出套期保值。卖出套期保值是利用股指期货规避大盘下跌造成股票缩水的风险，相当于锁定了高位的卖出价格。买入套期保值是利用股指期货进行预投资，锁定购买成本，规避价格上涨的风险。套利的类型有很多，如跨期套利（在不同月份合约间套利）、跨市场套利（在不同交易所之间套利）、跨品种套利（在不同交易品种之间套利）、期现套利（在期货与现货之间套利）等。期现套利是指当期货与现货价格出现顺价差时，投资者可卖空股指期货并同时买进一篮子股票现货组合，当两者的价差收敛时即可平仓获利。同样，逆价差时投资者可进行相反方向的操作，但是考虑到融券空头在实际中尚存在一定的运作难度，因此，期现市场上出现逆价差时往往难以实现真正的套利。投机交易是指投资者可根据自己对股票的判断，如果认为上涨的可能性比较大，就可以买入股指期货，等期货价格上涨，就平仓获利；而预期下跌的可能性比较大，则抛空股指期货，等股指期货价格下跌后，再平仓获利离场。

　　中国的股指期货将在近期推出，这对包括养老金在内的机构投资者是个利好消息。个人账户养老金投资过程中，可以借鉴相应的期货套期保值策略，降低股票投资风险，保障资金的安全。

　　（2）期权及其与股票的投资组合

　　期权作为金融衍生工具的一种，它赋予持有者以特定的价格买卖某种标的资产的权利，但持有者没有一定要买卖的义务。正是由于权利和义务的分离，标的物价格本身波动性的增加虽然降低了标的物的价值，却提升了其衍生物——期权的价值。期权的分类方法很多，按持有者的买卖行为分为看涨期权和看跌期权；按标的物内容分为股票期权、外汇期权、股指期权、期货期权、利率期权；按期权执行的时间分为美式期权、欧式期权、亚洲期权、屏障期权、回顾期权和两值期权等。

　　就购买股票期权而言，其实质是一种买卖股票的替代行为，购买看涨期权是一种牛市投资，而购买看跌期权是一种熊市投资。但是，就其与股票买卖行为的区别而言，其特点有二：一是杠杆作用，即股票价格的波动引起期权收益更大的波动，作为单纯的期权投资者而言，其风险更大于股票投资；二是保险功能，根据适当的资产组合，期权可以构造较小的风险组合或无风险组合。期权策略很多，如保护性看跌期权、抛补的看涨期权、蝶式期权、期权价格差、双限期权等，这对于股票的投资组合，我们主要关注前两种策略。

　　保护性看跌期权是一种既投资股票又购买该股票看跌期权的策略。其收益如下表：其中 S_T 指股票的到期价格，X 指期权执行价格。

表 4 - 3

	$S_T \leq X$	$S_T > X$
股票的收益	S_T	S_T
+ 看跌期权的收益	$X - S_T$	0
= 总计	X	S_T

可以看出，该策略可以保值至少执行价格的收益，其保护成本是购买期权的费用。该策略不同于止损委托，后者是当标的物价格跌落到某底限之下要求经纪人出售标的物的委托，相对于保护性看跌期权而言，一方面失去了标的物市价回升的收益，另一方面在于实际操作，即无法在要求的价格下进行交易的可能性。

抛补的看涨期权是一种买进股票同时卖出该股票的看涨期权，其收益如下表：

表 4 - 4

	$S_T \leq X$	$S_T > X$
股票的收益	S_T	S_T
+ 看跌期权的收益	0	$- (S_T - X)$
= 总计	S_T	X

该策略意味着卖出了对股价高出执行价格 X 部分的要求权，而获得了期权价格收益。这尤其适用于个人账户养老金等机构投资者，一方面保证了期望的收益率，另一方面得到了期权价格的额外收益。

3. 个人账户养老金机构投资与上市公司治理结构

公司治理结构很长时间以来都是一个热门话题，在这里笔者将在对治理结构的层次问题进行分析的基础上，探讨个人账户养老金在完善上市公司治理结构中的作用。

（1）公司治理结构的层次

公司治理的内涵是一个争议颇多的问题，法马和詹森（Fama and Jensen，1983）认为公司治理研究的是所有权与经营权分离情况下的代理人问题；科克伦和沃提克（Cochran and Wartick，1988）认为公司治理解决的是高级管理人员、股东、董事会和公司其他利益相关者相互作用产生的诸多特定问题；林毅夫（1995）指出，所谓治理结构是指所有者对一个企业的经营管理和绩效进行监督和控制的一整套安排；张维迎（1998）认为公司治理结构是一种解决股份公司内部各种代理问题的机制；等等。

虽然争议很多，对于公司治理结构的层次问题，大多数学者倾向于包括内部和外部两层治理结构，只有吴炯、胡培、任志安（2002）提出了公司治理三层次的理论，笔者赞同他们的观点。①

现代公司制企业的边界包括了法定边界、契约边界、经营边界和治理边界四个内容（见图 4 - 1），其中法定边界是现有法律所承认的企业范围，即企业必须是一个注册与纳税实体；契约边界是与法定企业具有长期性关系契约关系或说企业契约关系的签约者的总体，如法定企业的母公司、子公司、长期产销活动形成的合作伙伴等；经营边界涵盖了法

---

① 本段的论述主要是借鉴了吴炯、胡培、任志安的观点，《企业边界的多重性与公司治理结构》，《经济科学》2002 年第 6 期。

定企业的经营者与一般雇员；治理边界涵盖的是直接参与企业治理的主体，如董事与经理。

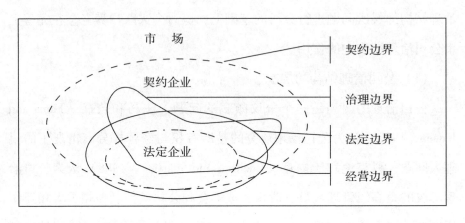

图 4 - 1　现代公司制企业的边界

通过图 4 - 1 可以看出，现代公司制企业的边界不同于古典式企业，后者只包括法定边界和契约边界。由于所有权与经营权的分离，部分股东退出了企业生产经营圈，成为单纯的持股者，企业主要由职业经理人经营。从而产生了代理人问题，为使经营者按照所有者的意愿经营企业，必须对之进行约束和激励，公司治理结构的建立便是对经营者约束的主要方式。这也进而产生了企业的经营边界和法定边界的问题。经营边界完全内涵于法定边界之内，而治理边界内的企业契约参与者是公司内部治理者，而治理边界之外的企业契约和市场契约的参与者构成了主流理论中所称的外部治理者。

现代公司制企业的四重边界的确认，使我们认识到公司存在着三层治理结构。

公司的第一层治理结构是内部治理层，由治理边界内的企业契约参与者构成，他们被称为内部治理者。他们最基本的权力是有权作为董事会的选举人和被选举人，进而直接控制着治理对象。从当今世界各国的公司治理实践看，所有的企业契约参与者均有可能成为内部治理者，并且在有的情况下，经理和一般雇员既是治理对象，也可以是内部治理者。

公司的第二层治理结构是企业契约参与者的外部治理层，由治理边界与契约边界之间的企业契约参与者构成。他们的治理权力是"用脚投票"，但是由于企业契约的"锁定"功能，一般情况下，"用脚投票"的形式是间接的，或者说是消极的，如供应商逐步减少商品供应、机构投资者逐步减少该公司股票在其投资组合中的比重、雇员开始消极怠工等。

公司的第三层治理结构是市场治理层，由处于契约边界之外的所有与公司具有市场契约关系的个人或团体构成。它也是一种外部治理形式，但与利益相关者的外部治理结构存在一定的差异。它与第二层治理结构的差异：一是从参与主体看，前者是市场契约参与者，后者是企业契约参与者；二是从治理行为看，前者是直接的"用脚投票"形式，后者更多地采用较为间接的形式；三是从治理力量看，前者的单独行动对公司基本没有影响，或者说这种影响是公司的经营常态，而后者的单独行动或多或少会得到公司的关注；四是从交易关系看，前者与公司间一般是利益的竞争关系，后者与公司在竞争中充分表现出合作性。

（2）个人账户养老金与上市公司治理

养老金投资资本市场，是委托基金管理公司代为运营的。以美国为例，20世纪90年代养老金已经成为共同基金的主要资金来源，而共同基金的运营理念是通过投资组合分散风险实现收益，而不是试图入主上市公司董事会，对于被投资公司的重大经营决策极少干预，这也导致了今日美国股份公司所有权日益分散、职业经理人日益成为公司主宰的现象。在我国，目前社保基金理事会也有着同样的问题。因此，养老金管理运营机构在公司治理结构中一般都是处于第二层次，即外部治理层。

前文已经指出，第二层治理结构与第一层治理结构都是由企业契约参与者组成，他们行使不同行为方式的原因有二。其一，由于公司的发展需要，以及其他企业契约参与者的专用性资产的依赖性，处于第二层治理结构的企业契约参与者的专用性资产具有了专有性和稀缺性的特点，这使得他们在重复博弈的事后谈判中也占有一定的谈判优势，从而也可以确保获得一定的组织租金。其二，尽管他们进入公司内部治理也同样可以获得这部分组织租金，甚至更多，但内部治理存在着一定的治理成本。所以，企业契约参与者是进入公司内部治理还是参与公司外部治理，完全是基于自利的考虑，是相互间博弈的结果。

个人账户养老金作为机构投资者，不同一般散户，属于企业契约参与者的范畴。目前不管是美国共同基金还是我国的社保基金理事会，之所以不愿进入治理结构的第一层次，正是鉴于自利的考虑。一方面，其投资理念决定了其不愿参与公司的内部治理；另一方面，其人员构成影响了参与内部治理的能力，强为之会加大治理成本。

这其实也是笔者不赞成社保基金理事会作为个人账户养老金的管理主体的原因之一。而国资委却不同，其重要职责就是管人、管事、管资产，积极参与国有企业内部治理是其工作重心之一。若个人账户养老金由国资委管理，那么在成本与效益原则的指导下，个人账户养老金可以有选择地进入上市公司的两层治理结构之中。在内部治理层次，个人账户养老金的参与可以改变上市公司的股权结构。一般来讲，股权结构有两个含义：第一个含义是指股权集中度，即前五大股东持股比例；第二个含义则是股权构成，即各个不同背景的股东集团分别持有股份的多少。目前我国上市公司一股独大的现象十分严重，而个人账户养老金的参与可以弱化这一问题。通过提高控制权的竞争性，可以实现剩余控制权和剩余索取权的匹配，股东大会决定的董事会能够代表全体股东的利益，大股东就有动力去向经理层施加压力，促使其为实现公司价值最大化而努力。在外部治理层面，个人账户养老金"用脚投票"的影响力大大高于散户，大单抛压，上市公司股价会大幅贬值，为恶意收购者的并购行为提供了条件，接管的压力必然促使管理层更加努力以提升企业的价值。

三、个人账户养老金与国有经济

（一）个人账户养老金的公有属性及其与国有经济的关系

经济学中通常按照排他性与竞用性两个标准，将物品分为公共物品和私人物品。当然，现实中同时具有非排他性和非竞用性的纯公共物品并不多见，但是在纯公共物品和私人物品之间，却存在着大量的准公共物品，笔者认为个人账户养老金就是其中的一种，这可以从资金的筹集、运营与分配三个角度加以分析。

首先，从资金的筹集角度来看，我国个人账户养老金由参保人按照其工资总额的8%缴纳。对于这些资金的收取，我国采用的是社会保障费的方式强制获得，因此基本养老金的资金来源是类似于税收的方式。

由于税收源于国家的政治权力，并凌驾于私有产权之上，因此具有明显的公有属性。此外，从养老保险资金的产权角度分析，个人账户养老金虽然体现了多交多得的原则，但是随着其覆盖面的逐步扩大，以至于绝大多数国民加入了该体系，其必将归于全体国民所有，按照帕累托改进的原理，最终必将和社会统筹基金一样，由国家拥有其产权。

其次，从资金的运营角度来看，个人账户资金多用于弥补统筹资金的缺口，非长久之计。从国外经验而言，一般采用基金管理的方式，由国家相关部门具体负责，而基金的运营则委托给各种官方或非官方组建的信托基金公司，体现了效率的原则，当然，若运营失败，财政必须承担最后的总担保责任。鉴于我国的社会主义性质且市场经济尚处于探索发展阶段，对于个人账户养老金的运营必然采取国家直接干预的形式，由国资委作为其管理主体。同时为实现个人账户养老金的保值增值，国资委还需要将其进一步委托于相应的运营主体进行投资，为了保障资金的安全，这些运营主体都应是国有企业，这些都体现了养老金的公有属性。

最后，从资金的分配角度来看，个人账户养老金，在参保人达到规定的缴费时间后，可以按照每人的账户余额分期给付，若未达到规定的缴费年限，则一次性领取。虽然这体现的是多缴纳多享用的原则，但是，其缴纳期间的资金运营是由政府直接管理的，且规定了其相应的利息率或收益率，因此并不同于纯粹的私人物品，而具有准公共物品的特点。

从以上的分析可以看出，个人账户养老金的建立是一种社会的公共需要，其具体的筹资、运营与分配方面，也明显具有公共物品的属性，因此我们认为养老保险资金是一种准公共物品，属全民所有，具有公共属性。个人账户养老金的这一特征，结合社会主义中国的国情，为个人账户养老金与国有经济的结合提供了可能；同时我国政府发展与壮大国有经济的决心为结合提供了政策支持，国有企业的大量资金需求加强了结合的紧迫性；国有企业效益日益提高、国资委监管能力的日益提升，必将为二者结合并实现双赢提供了必然性。

（二）个人账户养老金对国有企业的战略性进入

个人账户养老金通过国资委下属投资公司战略性进入国有企业，必须明确国有经济的功能定位、考虑进入的条件、选择进入的方式。

1. 国有经济功能的定位

受多年计划经济的影响，我国国有经济存在着布局分散、战线过长的缺陷，其中一个重要原因就是功能错位。为深化国有企业公司制股份化改革，健全现代企业制度，优化国有经济布局和结构，增强国有经济活力、控制力、影响力，必须明确国有经济的功能，界定国有经济发挥作用的特殊领域和生存空间。鉴于国有经济在市场经济体制中主要发挥三个方面的重要作用，即弥补市场失灵、支撑宏观调控、有利国际竞争，因此国有经济需要控制的行业和领域主要包括：涉及国家安全的行业、自然垄断的行业、提供重要公共产品和服务的行业，以及支柱产业和高新技术产业中的重要骨干企业。为此，从战略上优化国有经济布局和结构，必须同产业结构的优化升级和所有制结构的调整完善相结合，坚持有进有退、有所为有所不为，坚定地进入应该进入的上述行业和领域，坚决退出不可为和不能为的竞争性领域，拓展国有经济生存和发展的广阔空间。

国有经济功能的这一定位，为个人账户养老金战略性进入国有企业提供了指导性原则，并结合个人账户养老金自身安全性要求以及资产负债长期匹配特征，选择适合的行业与企业，提高资金的投资运营收益，同时也为国企发展提供资金支持。

2. 战略性进入的条件

战略性进入可以从微观和宏观两个层面理解。在微观上，它是一个企业在新的产业拥有一定的资产，并向该产业拥有的市场提供产品或服务；在宏观上，它是资源的流动与重新配置，以实现资源从效益低的领域流向效益高的领域。

国资委所属投资公司在运营个人账户养老金的过程中，在其选择进入某一产业时必须首先明确目标，如为了获得最大的利润、分散风险、扩大经营的规模、提高所控行业的市场占有率等。而要实现这些目标，投资公司必须考虑战略性进入的条件，包括其内部条件和外部条件，前者如资金的实力、所控资源的优势，后者如政府的态度、行业准入状况、进入成本等。

目前我国国民经济发展中，很多竞争性行业生产能力过剩是一个比较严重的问题。这与企业进入不当有很大关系，投资公司若不考虑自身内部条件而轻率进入往往导致进入失败。个人账户养老金投资过程中，受委托运营的投资公司虽然具有经营自主权和雄厚资金实力的优势，但必须考虑作为投资者自身是否具备制定发展战略的能力和行业选择的能力，结合宏观经济运行情况，进行事前可行性分析、事中动态监控和事后财务评价，保证资金的安全性和收益性。

3. 战略性进入的方式

个人账户养老金战略性进入国有企业，通常有四种方式，即直接注资方式进入、产权转让方式进入、产权组织重构方式进入、经营方向调整方式进入。其中，直接注资方式是指投资公司用委托机构划转的资金直接投入所选行业或企业；产权转让方式是指投资公司将其对某行业或某企业的股权性投资部分或全部变现，在经过谨慎决策，将转让收益以投资的方式投入其他行业或企业；产权组织重构方式是指以构建新的产业组织为基本手段来优化投资公司存量资本结构的过程，其主要形式有横向联合与组建企业集团，最终达到发挥规模经济效益、减少闲置资本的目的；经营方向调整式进入是指通过行使控制权，改变所属企业原来的经营方向，进入新的生产经营领域。

4. 进入行业的选择

国有经济需要控制的行业包括涉及国家安全的行业、自然垄断的行业、提供重要公共产品和服务的行业、支柱产业和高新技术产业。鉴于个人账户养老金与国有经济的密切关系以及自身特点，笔者认为其可以重点进入的行业主要是垄断行业和高新技术产业。

对于垄断行业而言，个人账户养老金进入有两个方面的好处。第一，垄断行业，如烟草、电信、电力、石油等，由于竞争对手的缺乏，经营风险较低而收益较高，对该行业的投入可以使养老金在低风险的情况下取得较高的收益。第二，根据十七大有关国有经济的论述，应该对垄断行业进一步分离垄断性业务和竞争性业务，对竞争性业务放宽准入，对垄断性业务实行国有法人为主的多元化交叉持股。而个人账户养老金的注资正符合这一精神。

在高新技术产业方面，与个人账户养老金投资相关的一个问题是创业投资问题。创业投资是一种直接或通过风险投资机构向有发展潜力的从事高新技术产品服务研发的创新企业提供股权资本，并从企业的成长中或其资本收益中获利的投资行为。创业投资的真谛在于投资者不仅要为企业创业融资，更要为企业发展提供增值服务。虽然从单个创业企业而言，其投资风险巨大，但是一旦成功则收益颇丰，同洲电子五年内为其注资的四家风险投资机构获得 30 倍回报的案例就说明这一问题。目前我国的创投业发展中面临着资金来源单一、政府扶持力度不够、创业投资人才匮乏、退出机制不足等问题。个人账户养老金规模巨大，通过积极注资创投业，不仅解决了其资金短缺问题，而且通过科学运作可以取得可观收益，实现养老金与创投业的双赢局面。

（三）个人账户养老金退出机制的构建

对国有企业的投资属于实业投资，其流动性较差。大规模的养老金支付总有一天会到来，因此个人账户养老金必须未雨绸缪，在这之前做好应对准备，积极构建退出机制。笔者认为主要可以通过股票市场和产权市场两个平台合理退出。

在股票市场方面，主要针对上市的被投资企业而言。其方式有国有股配售、股票回购和股权转让三个方面。其中，国有股配售是将上市公司部分国有股股权定期出售给特定的投资人，从而实现及时套现资金和使国有资产增值的目的。在配售过程中，必须考虑配售对象、配售价格、配售数量等问题，从而避免对股市的冲击，我们必须吸取 2001 年不当的国有股减持政策的出台最终导致四年半的熊市的教训。股票回购是指上市公司购回个人账户养老金持有的本公司股票，然后注销。股票回购不乏成功的案例，如上海陆家嘴、云天化、申能股份等，但是其回购量受到上市公司可用资金量的限制，而且可能对二级市场造成冲击，这是选择股票回购方式中需要注意的问题。个人账户养老金股权转让主要是针对创投企业而言，通过帮助并同创业者一道创建新型、具有巨大发展潜力和巨大未来市场的企业后，应该积极推动其成功上市，一方面可用于为创业企业继续融资提供平台，同时也为个人账户养老金的退出提供了一个便利的渠道。

在产权市场方面，从我国目前资本市场总体结构看，产权市场应成为地方资本市场的主导力量，使之成为国有资本的运营平台，也为个人账户养老金的退出提供了渠道。在这方面，上海、重庆、贵州等地都取得了相应的成功。以上海为例，2003 年底，上海联合产权所成立，并在次年初成为从事央企国有产权交易的试点机构。2006 年底交易所完成各类产权交易 2866 宗，成交额达 844.12 亿元。其主要特点和做法包括：一是建立了完善的组织机构，设立了监管机构、交易所会员制和经纪人制度；二是产权交易对象范围较宽，上海联合产权交易所是物权、债权、股权和知识产权等各类财产权的综合性交易平台，是国有产权和集体产权有序流动和国内外各类资本进入和退出的市场平台；三是对产权交易的出让方和受让方的条件有明确的规定；四是产权交易可采取的方式有三种，即协议转让、竞价拍卖和招标转让；五是建立了较为完善的产权交易程序和规则；六是产权交易制度以地方法规形式加以确立和保障。

四、国资委对个人账户养老金的投资管理问题

实现个人账户养老金的可持续性发展，从财务的角度而言，有效的

投资是其最为关键的一环。国资委作为个人账户养老金的管理主体，必须加强其投资管理的工作。

（一）国资委对个人账户养老金投资管理的内容

投资管理主要包括运营主体资格审定、投资数量限制、资产负债匹配要求、准备金机制、投资风险补偿机制等内容。

1. 运营主体资格审定

运营主体资格审定，是指国资委对试图进入个人账户养老金投资经营活动领域的各类机构进行资格审查和认定。对于投资资本市场的基金公司的审定程序是基于我国目前资本市场不完善、基金公司良莠不齐和金融监管水平不高的现状。尽管长期而言，设置进入壁垒，可能造成金融服务市场上令人不快的分割，但却可以减少因金融机构的资质不佳所带来的非系统风险。对于投资国有企业的运营主体的审定相对简单，只要安排给国资委所属经营业绩良好的投资公司即可。

2. 设置合理入市比例

建立入市投资比例的限制是为了优化投资组合，分散投资风险。入市比例限制有三方面的内容：一是规定基金公司的投资工具，限制对高风险工具的投资；二是规定对每种工具的投资数量的限制，以形成有效的投资组合；三是规定对一支证券的投资比例，避免风险过于集中。

3. 保证资产负债匹配合理

资产负债匹配要求是指在个人账户养老金投资过程中，通过资产和负债的恰当组合，在降低风险的同时实现特定的收益目标，为未来的养老金支付做好必要准备。资产和负债的匹配要求主要体现在两个方面：一是投资的期限和对参保人负债期限的匹配；二是资产货币和负债的货币相匹配。已累积投资的主要风险之一是确保投资期限和负债期限大体一致，以使暗含的利率风险最小化。这方面可以借鉴希腊、墨西哥、瑞典等国的做法，在投资初期以法律法规的形式明确经营机构在资产和负债期限方面的匹配目标和匹配方法。待条件成熟后，以告示的方式引导经营机构将资产和负债进行匹配，并通过经常性的检查对其进行督促，同时把资产和负债匹配要求作为筛选经营机构的一个重要方面。另一个重要匹配要求是针对货币风险，目的在于防范汇率波动。尽管我国养老金的对外投资还是空白，我们还是要对货币匹配做出明确的规定。但必须注意的是货币匹配管理应独立于对外投资的限制，因为后者主要是考虑到违约风险和流动性风险。

4. 建立准备金机制

为了保证个人账户养老金最低收益的实现，必须建立相应的准备金，包括提取盈余准备金和风险准备金。这方面可以借鉴智利的经验，当资金实际回报率低于最低回报率时，首先用盈余准备金弥补；其次用风险准备金弥补；动用完盈余准备金和风险准备金后，投资回报率仍连续三年低于最低投资回报率时，作为受托人的运营机构不得提取管理费，参保人可以更换受托人。

5. 建立投资风险补偿机制

建立投资风险补偿机制，是为防止因受托运营主体不善或违规行为而使养老金参保人承担超过正常水平的投资风险。许多国家在对基金投资各个环节进行风险控制的基础上，建立了相应的风险补偿机制，作为保障养老金积累水平，保护受益人利益的最后防线。这个方面是超出国资委本身能力的，需要财政部门的支持与配合。

（二）国资委对个人账户养老金运营主体的投资业绩评价

由于投资对象的不同，运营主体包括基金公司和国资委所属投资公司两种，对于基金公司的业绩评价涉及证券投资基金评价方法体系的构建问题，这不是国资委所擅长的，可以委托相关机构进行。因此在这里我们将主要分析对投资公司的业绩评价问题。

投资公司的国有性，决定了对其业绩评价可以参见现行对国有企业评价的方法。1999 年，财政部、国家经贸委、人事部、国家计委联合颁布了《国有资本金效绩评价规则》及其操作细则，对国有资本金业绩评价不仅规定了 32 项评价指标，而且规定了各项指标的计分权重。（见表 4 - 5）

表 4 - 5　国有企业业绩评价体系

指标类别	定量指标（权重80%）		定性指标（权重20%）
指标类别 （100 分）	基本指标（100 分）	修正指标（100 分）	评议指标（100 分）
一、财务效益状况（42 分）	净资产收益率（30 分）	资本保值增值率（16 分）	1. 领导班子基本素质（20 分）
	总资产报酬率（12 分）	销售利润率（14 分）	2. 产品市场占有率（18 分）
		成本费用利润率（12 分）	3. 基础管理水平（20）
二、资产运营状况（18 分）	总资产周转率（9 分）	存货周转率（4 分）	4. 员工素质（12 分）
	流动资产周转率（9 分）	应收账款周转率（4 分）	5. 技术装备水平（10 分）
		不良资产比率（6 分）	6. 行业（或地区）影响（5 分）
		资产损失比率（4 分）	7. 经营发展战略（5 分）
指标类别 （100 分）	基本指标（100 分）	修正指标（100 分）	评议指标（100 分）
三、偿债能力状况（22 分）	资产负债率（12 分）	流动比率（6 分）	8. 长期发展能力预测（10 分）
	已获利息倍数（10 分）	速动比率（4 分）	
		现金流动负债比率（4 分）	
		长期资产适合率（5 分）	
		经营亏损挂账比率（3 分）	

续表

定量指标（权重80%）			定性指标（权重20%）
四、发展能力状况（18分）	销售增长率（9分）	总资产增长率（7分）	
	资本积累率（9分）	固定资产成新率（5分）	
		三年利润平均增长率（3分）	
		三年资产平均增长率（3分）	

　　针对运营个人账户养老金投资国有企业的投资公司的业绩评价而言，这套指标体系还存在一定的不足。主要表现在几个方面。一是现有评价指标体系不能涵盖投资公司业绩的外延范围。具体说，《两则》所列32项指标均属于反映国有资本经营业绩的指标，而缺乏反映国有资本调控效率及社会效益方面的指标。投资公司运营个人账户养老金，不仅在于其可以实现经济效益，而且更重要的是要与国有经济配合，实现国有资产的有效配置并取得巨大的社会效益。二是所用指标重历史成本轻市场价值。《两则》所列24项定量评价指标，不仅构成因素基本上是企业财务报表的原始项目或要素，而且计算的依据基本上也是账面数据，既缺乏反映企业市场价值和市场效率方面的指标，也忽视市场价值这一相对客观的计量基础。仅以会计数据作为评价指标的计算依据，由于信息的不对称性，难免存在企业经营者利用会计操纵来优化业绩的动机和行为，从而影响评价结论的可信度。随着股权分置改革的推荐，国有股上市流通只是时间的问题，国有资本的财务收益就不只取决于企业的经营效益，还将来自由其市场效率所决定的资本性收益。然而，这种资本性收益在现行的评价指标体系中却无法予以反映和衡量。三是指标分值权重本身的确定并不合理。从企业持续经营的动态面看，无论是财

务效益状况，还是偿债能力状况，从根本上说均取决于企业的资产营运状况。具体说，资产营运状况优越，表明企业特定资产在一定期间的周转次数多，也即获利机会相对较多，这样，当每次周转的获利水平一定时，必然能使企业的期间利润增大，财务效益状况将因此获得优化。而期间利润增大，不仅能使反映偿债能力状况的已获利息倍数提高，而且在利润的资本化程度一定的情况下，期间利润增大，必然会使所有者权益中的留存收益相应增大，进而使资产负债率相应下降。因此，在三类指标的评值分值中，资产营运状况应位居榜首，至少应高于偿债能力。此外，投资公司的负债主要是应对未来养老金支付的需要，因此在偿债能力指标的具体构成中短期偿债能力比率的分值应该适当降低。

在投资公司的业绩评价中，应该以《两则》规定的指标体系为基础，适当增加反映其社会效益和市场价值的指标因素。其中，社会效益指标主要以定性指标为主，主要反映投资公司在维护资产负债匹配方面的努力、投资行业的选择效果以及对创投企业的支持力度等。市场价值指标主要是市盈率、市净率和每股净收益三种评价上市公司业绩的定量指标，同时考虑到我国资本市场中系统性风险过大、股价扭曲现象严重的客观事实，应该辅之以相应的定性指标。在增补了相应指标之后，接下来的问题便是如何合理界定各项指标在评价指标体系中的分值权重。在既定的评价指标体系中，什么样的分值权重分配才具合理性，这可以说一直是一个理论难题。早在 20 世纪初，财务状况综合评价的先驱者之一——亚历山大·沃尔就提出了信用能力指数的概念并创建了 7 指标综合评分法。然而，尽管这种方法在实践中曾被运用，但至今为止也未能从理论上证明其指标构成及分值权重的合理性。就当今西方盛行的平衡计分卡而言，关于指标分值权重的确定，也仅是依据人们的共识或依据实践效果的修正，并没有十分理性的理论论证，更缺乏逻辑性的数学推论。在笔者看来，任何一套评价指标模式的合理性均是相对的，即便能够获得理论证明或数学推断，由于其中包含着诸多假设性因素，也会使所论证的合理性存在一定折扣。鉴于此，我们研究投资公司业绩评价指标分值权重的目的也仅在于根据现行分值权重分配的缺乏，提出调整思路，以尽可能使其具有相对合理性。这需要把握好三点，一是指标分值权重的确定应体现各项指标的内在因果联系，以及由此决定的主次关系；二是所确定的指标权重能对被评价切实地起到激励与约束功效，有利于促进被评价者行为的全面优化；三是指标分值权重的确定是一个试错的过程，应该在指标体系制定后不断反馈业绩评价过程中的问题并及时加以修正。

此外，投资公司业绩很大程度取决于其经理人员的努力，上述业绩评价体系的构建主要是为了加强对经营者的约束，同时，还要解决对经营者的激励问题。具体来说，包括了以下几个方面。首先，建立相对统一的经营者激励办法，这一激励办法应该与上述投资公司业绩评价方法相配套，做到以效定酬、同效同酬，同时要考虑各地区经济发展水平、人均生活水平的差异，不同地区可以有所差异，但在本地区范围内要保持统一。其次，经营者报酬分配方案的形成应具有科学性，充分发挥企业监事会、职工代表大会等机构的监督作用，以防止经营者在报酬分配行为上的暗箱操作。最后，积极探索以市场价值为基础的期权激励办法，建立并实施工资—奖金—股票期权三位一体的报酬体系，避免投资公司经营者的短期行为，注重个人账户养老金的长期可持续性发展。

第五章 个人账户养老金反腐倡廉财务长效治理机制研究

一、中国养老金腐败与治理的现状分析

目前我国个人账户养老金的筹集、投资与分配的工作是混同在包括基本养老金在内的社保基金管理之中，因此很难单独谈论其自身的腐败问题。在本节中，笔者将简单介绍一下我国社保基金的腐败、危害和治理的现状。

（一）腐败的现状

上海社保大案震惊全国。2006 年，上海黄浦江畔掀起反腐巨浪，涉及 32 亿元的社保基金大案浮出水面，此案一出，举国震惊，中央迅速组建精干班子，彻查社保大案。8 月 11 日下午，担任上海市劳动和社会保障局局长 8 年之久的祝均一，在召开的上海市人大常委会第 29 次会议上，被正式免去局长职务。据查明，2002 年前后，祝均一共为私企老板张荣坤（福禧投资控投有限公司）提供 32 亿元的"贷款"，但福禧并未对该笔巨额款项提供担保。且福禧收购沪杭高速背后的真正出资，正是来自上海社保的资金，该笔总额 32 亿元的巨额资金中，仅

有 11 亿元被用到了沪杭高速。截止 2005 年底，上海市年金中心管理的资金在 110 亿元以上，占到全国年金总额的 1/6，也就是说，上海有 1/3 的补充养老保险资金都借给了张荣坤使用。上海社保基金案愈挖愈深，火愈烧愈旺，受此案牵连的人亦愈来愈多。

2009 年至 2010 年 3 月，重庆市检察机关立案查办的社会保障领域职务犯罪案件共 59 人。从罪名分布来看，贪污 6 人，受贿 34 人，行贿 15 人，介绍贿赂 1 人，滥用职权 3 人。其中，涉案的社保局、社保服务所等社保部门人员共 31 人，占涉案人员的 52.5%。31 名社保系统人员中，已有 11 人被判处五年至十年及其以上有期徒刑。比较典型的有：合川区劳动与社会保障局原纪检组组长兼合川区社会保险局局长陈华受贿案、江津区社会保险局原局长陈汉模受贿案、綦江县劳动和社会保障局原局长李仁全贪污案。

浙江省开化县社会保险事业管理局稽核科原科长陈寅君"帮"亲戚、朋友，他利用本人或盗用同事操作工号违规为 107 人办理社会保险参保一次性补缴业务，并收取补缴金，造成国家及个人财产损失 800 余万元。2020 年 6 月，陈寅君犯诈骗罪、滥用职权罪被判处有期徒刑 12 年，并处罚金人民币 30 万元。

山西省 7659 万元社保基金挪用诈骗案。2004 年 3 月，山西省太原市中级人民法院审判了一起涉案数额巨大的社保基金挪用诈骗案。几名被告人共挪用社保基金 7659 万元，金融诈骗涉案金额近 1.8 亿元。据查，2002 年 9 月，因诈骗农村社会养老保险金 2000 万元，原海南达龙实业有限公司总经理龙泉润被判处死刑。龙泉润在 1996 年底至 1999 年 4 月间，采取变造银行定期存单、伪造银行存款确认书等手段骗取辽宁省凌海市和北宁市的农村养老保险金，数额巨大。在此案的调查过程中发现，龙泉润利用农保处"通过高息存款吃利息差"的心理，以17%的高利息成功行使诈骗，造成重大损失。所有涉案人员已被判刑，受到法律制裁。

广州10.18亿元"在外营运"社保基金的命运引发各界关注。20世纪90年代初，在原劳动部允许各地社保经办机构留足一部分周转资金后可将社保基金对外运营的情况下，广州市拿出部分资金交给社会信贷机构运作以实现增值。其中投入房地产开发的超过7.65亿元，占85.54%，这些房地产项目有的已经成了"烂尾房"，有的债务人消极逃债废债，涉及的法律关系相当复杂。虽然基金追收工作11年前就已启动，但是截至2007年2月，尚有6.87亿元社保基金未收回，其中有可能收回的也只有1.05亿元。

以上四起案件只是社保基金贪腐问题冰山的一角，此处不一一列举。

（二）个人账户养老金腐败的危害

个人账户养老金腐败问题频发，其危害性极大，主要表现在以下几个方面。

首先，危及个人账户养老金的安全和经济的运行。个人账户养老金是广大老年人的"养命钱"，恣意的贪腐必然降低资金的安全性和增值性。此外，由于规模巨大的个人账户养老金需要投资资本市场和国有企业，贪腐势力进入该领域，势必导致资源人为紧张，最终造成经济管理的失衡，必将对社会经济造成极大的威胁。

其次，危害社会文化和社会道德。腐败导致伦理价值观堕落，加剧社会的无纪律状态。由于腐败现象的大量存在，尤其是受拜金主义和极端个人主义这种错误的道德认识的感染，使相当部分公民以极端个人主义功利价值观作为行为选择的标准。

最后，危及政府信用。目前我国养老金规模仅占 GDP 总额 5%—7%，远低于发达国家，随着人口老龄化的加剧，以及新老制度交替造成的"隐性负债"问题，有限的资金开始面临日益严重的支付问题，也对养老金的信用支柱造成极大的压力。显然，我国商业信用无力承担这样的压力。所以，作为养老保险制度的另一个支柱政府信用就必须承担起巨大的责任。在目前如此严峻的形势下，养老金还能正常运行，可以说就是政府信用在起作用，换句话说，群众之所以还愿意参加养老保险并缴纳相关费用，并不是因为相信市场或企业，而是相信政府总会想办法解决而且也能够解决这些难题。政府信用实际上是我国当前个人账户养老金稳定运行的最重要的支柱。政府信用是个人账户养老金的支柱，这就意味着具体经办、管理、监督个人账户养老金及其运行的有关机构、官员承担着巨大的责任。他们能否在工作中切实为人民群众服好务、站好岗，能否保证群众交到他们手中的血汗钱安全、稳定运行，关系到群众对政府的信任，关系到危机四伏的社保系统能否维持下去并渡过难关，甚至关系到社会的稳定。然而，陈良宇、祝均一等人的所作所为却对无比宝贵的政府信用造成了直接的、沉重的打击。他们的行为败坏了政府的形象与信誉，破坏了群众对政府的信任，严重损害了政府信用。如果再连续出现像"上海案"这样严重损害政府信用的事件，那么群众对于政府的信任就可能动摇，社保体系的基础就可能崩溃，甚至整个社会的稳定就可能失去控制。

（三）治理中存在的问题

社保基金腐败现象频发，除了源于腐败者本人的利欲熏心之外，治理监控工作不利也是重要的原因，主要表现在以下几个方面。

1. 立法工作严重滞后、相关法规层级较低

新中国成立以来，我国与养老保险相关的社会保障制度从未通过立法的形式表现出来，《社会保障法》一直处于千呼万唤却迟迟未能出台的局面。从 1951 年政务院发布的《中华人民共和国劳动保险条例》规定了企业职工的养老保险待遇至今，相关的规定基本上都是以条例、规章的形式出台，因此其法律效率较低，不适应于现代养老保险制度的要求。而就目前现有的法规制度来分析，原来制定的单一的条例、规章，已经不能完全适应社会主义市场经济体系和社会保障体制的客观要求，也难以发挥其真正意义的法律效力。现阶段与养老金监管有关的社会保障立法以及相应的法律法规还不完善，处于不断的摸索、不断的改进、修正过程，难以完全解决养老金监管过程中出现的所有问题，这也在一定程度上的增加了养老金监管中的风险性。

2. 行政监管失效、人事任命任人唯亲

目前，对包括养老金在内的社保基金的监管体系是以行政监管为主体的，在具体运行过程中问题很多。一是多头管理。虽然养老金的征收发放由社保部门统一管理，但是在实际操作中，涉及财政、税务、审计、民政等多个部门，造成各部门间交叉分工、职责不明、多头监管。二是监管人员素质低下。以社保部门为例，由于其本身日常工作比较繁忙，监管人员往往是身兼数职的行政人员，自身对于养老金业务、运作、管理等方面的知识并不完全熟悉，再加上养老金本身就具有日常工

作数据量大、业务烦琐、涉及部门广泛等特点，这就使得其监督往往是"蜻蜓点水"，或仅是做表面上的工作，应付上级交办的任务或履行公事。三是人事任命任人唯亲。各级地方社保部门基本上都是由地方政府直接领导，顶多是在业务上接收上级社保部门的指导，这种条块分割的制度造成人事任命由地方上的一把手说了算，他们之间关系非常紧密，也非常微妙，因此违规甚至违法动用社保基金是家常便饭。四是审核报领缺乏监督。养老金、医保金、失业金之所以发生冒领和被套骗、挪用事件，主要原因在于审核报批存在不少薄弱环节，一个人说了算、一支笔签发的审批制度，容易被不法分子利用。

3. 财务监控失效、群众监督缺失

社保基金尤其是个人账户养老金涉及投资运营的问题，因此反腐工作中的财务监控是相当必要的。而目前来看，由于管理主体的错位，作为行政组织的社保部门无力承担财务监控的职能，其财政监管行为只是一种事后管理，亡羊补牢效果并不明显。而诸如会计师事务所等中介结构，基本都是拿钱办事，很难做好财务监督的工作，银广夏事件就是一个例证。此外，上海社保资金案涉及众多中高级干部，犯罪情节相当严重，不少涉案人员的贪污腐败行径长达数年，还有一些涉案人员存在生活腐化堕落问题。但检察机关对近年来收到的举报材料进行认真的查询，却没有发现对相关涉案人的举报，这种"有腐败、无举报"现象，映射出群众监督的缺失。

二、财务腐败的理论分析

腐败的治理，首先需要明确其内涵与种类，并在此基础上搞清腐败的形成机理和影响因素，为具体实践工作夯实理论基础。

（一）腐败的内涵

腐败是反腐倡廉理论的一个基本概念，科学界定腐败概念也是反腐倡廉理论的一项基础性工作。腐败一词在《汉书·食货志上》就已出现："太仓之粟，陈陈相因，充溢露积于外，腐败不可食。"意指（谷物）发霉、腐烂。这是腐败概念的生物学释义。后来，它被引申到政治领域，成为一个政治术语。晚清时期，小说《女娲石》中就有"腐败官场"的词汇，腐败意指公共权力的滥用；邹容的《革命军》中也有"革命者，去腐败而存良善者也"的语句，腐败亦指社会不良现象。我们注意到，在马克斯、恩格斯、列宁的经典著作中，除了用"腐败"指公权私用以外，还经常用"腐败"来形容和批判封建主义、资本主义制度的腐朽。这里，"腐败"即"腐朽"，意指某种社会制度腐朽没落，必将被新的社会制度所代替。

腐败是一种社会不良现象，虽然腐败行为的发生与社会制度的不健全、不完善甚至腐朽没落有密切联系，但我们不能把产生腐败的原因看作腐败本身。近年来，学者们趋向于把制度腐朽当作腐败原因来探讨，而不再把制度腐朽和腐败看作同一概念。

笔者赞同国际货币基金组织的定义，即腐败是指"滥用公共权力以谋取私人利益"。其具有权钱交易、国际化、广泛化和隐蔽化的特征，包括财务腐败、人事腐败、权力腐败和司法腐败等。由于所有的腐败最终都会反映为财务收支的变化，从而转化为财务腐败，因此本部分将重点阐释财务腐败问题。

（二）财务腐败形成与治理的博弈分析

对于财务腐败的产生，很多学者认为是经济、体制和认识等方面的因素所导致，并以此为基础提出了相应的解决思路。笔者赞成这一观点，但是同时认为这只是对财务腐败问题的宏观层面的分析，并未真正触及微观主体决策。

实质上，受控主体是否选择财务腐败，取决于其对自身支付函数以及监控主体行为的预期；而监控主体是否进行监控，以及相应的监控方法选择、监控力度的把握，取决于自身支付函数及对受控主体行为的预期。也就是说，行为主体的行为是相互影响的，会在掌握到相关信息的基础上，合理预期对方的战略和行为，从而作出相应的选择，以最大化自身的支付函数。而博弈论正是研究决策主体的行为发生直接相互作用时候的决策以及这种决策的均衡的问题。因此，笔者认为利用博弈理论分析财务腐败的形成原因及治理方式是一个较为可行的方法。

监控主体和受控主体之间可以认为是一种监控博弈。作为描述一个博弈的所需要的最少因素包括参与人、战略、支付，在本书所谈的几个监控博弈中，参与人包括监控主体和受控人。监控主体的纯战略空间 S1 ＝（检查，不检查），受控主体的纯战略空间 S2 ＝（腐败，不腐败）。本书将主要分三种情况求解博弈的均衡结果，即监控主体完全代表国家利益的情况、监控主体从自身利益角度考虑的情况、高薪养廉的情况。

1. 监控主体完全代表国家利益情况下的博弈分析

对应不同的纯战略组合，该博弈的战略式表述如下面的矩阵所示（表5－1）：

表 5 - 1

		受控主体	
		腐败	不腐败
监控主体	检查	$pn-c$, $(1-p)$ $x-py-z$	$x-c$, 0
	不检查	0, $x-z$	x, 0

其中，n 是监控主体对腐败行为的查处所得，c 是监控主体的检查成本，x 是腐败金额，y 是对腐败者的惩罚，z 是财务腐败的施行成本，p 是财务腐败行为被查处的概率。在这里，应该指出五个问题：（1）n 作为监控主体的查处所得，由于此博弈假定监控主体完全代表国家的利益，因此其不仅包括收回的腐败金额及对腐败者的经济处罚，还应当包括因此而带来的社会风气的净化和民心的归附等，同理 y 作为一种对腐败分子的惩罚，不仅包括经济的，而且包括法律的和对其心理的惩罚。（2）n 与 x、y 有极强的相关性，增大对腐败者的惩罚并加强对腐败金额的收缴，监控主体的所得也自然增加，在此引入函数 n：x，$y \rightarrow n$，即 $n = n$ (x, y)，若仅从经济的角度考虑，再假定腐败金额可以全部收回，则 $n = x + y$。（3）p 和 c 是有一定的相关性的，当监控主体增加检查成本 c，加大反腐力度，会在一定程度上提高 p 值。但是，也应该看到，影响 p 值的因素很多，所以在这里假定 c 是一种固定成本。（4）该博弈中假定 p 值是一种基于现实统计的客观概率，而不是博弈双方的主观概率，所以，在这里 p 值作为一个技术性的指标，对于所有参与人而言是相同的。（5）z 值在理论上可以超过 x，自然 $(1-p)$ $x-py-z$ 也为负值，但是，这样在此博弈中就会出现唯一的纳什均衡，即（不检

查，不腐败），这虽然是一个符合团体理性的结果，但在现实中是不存在的，所以，在这里可以合理地假设 z 值小于 x 值。

基于以上前提，该监控博弈最终的均衡可能会出现两类情形：

第一类情形，即存在纯战略均衡情形。这又有两种情况，其一，当 $pn - c < 0$ 时，监控主体存在一个占优战略，即"不检查"，而给定其此种选择，受控主体的最优选择自然是"腐败"，由此求得该博弈唯一的纯战略均衡是（不检查，腐败）；其二，当 $(1 - p) x - py - z > 0$ 时，受控主体存在一个占优战略，即"腐败"，而给定其此种选择，监控主体的最优选择只能是"检查"，由此求得监控博弈唯一的纯战略纳什均衡是（检查，腐败）。

这两种均衡结果从团体理性的角度而言都是低效的。虽然其发生的可能性不会太高，但是很多历史事实也给我们敲响了警钟，如清王朝的"三年清知府，十万雪花银"和廉政公署成立前的香港的全民皆贪。究其原因，笔者认为具体缘由在于 p、n、y 三值过小，而 c 值过大。当经济中的、体制中的和认识中的不良因素在肆虐时，腐败者由于强大的社会保护网络而难以查处，即使查处对其惩处也是流于形式之时，这两种我们不希望看到的均衡也就出现了。

第二种情形，当 $pn - c > 0$ 且 $(1 - p) x - py - z < 0$ 时，该监控博弈不存在纯战略的纳什均衡，而只有通过混合战略的方式求解。

以 θ 代表监控主体检查的概率，η 代表受控主体腐败的概率，σ_1、σ_2 分别代表监控主体和受控主体的混合战略，那么，监控主体的期望支付函数为：

$$V_1\ (\sigma_1,\ \sigma_2)\ =\theta\ (\eta\ (pn-c)\ +\ (1-\eta)\ \times\ (x-c))\ +$$
$$(1-\theta)\ (\eta\times0+\ (1-\eta)\ \times x)$$
$$=\theta\ (\eta pn-c)\ +\ (1-\eta)\ x$$

对上述支付函数求微分，得到监控主体最优化的一阶条件为：

$$\partial V_1/\ \partial\theta =\eta pn-c\ =0$$

因此，$\eta^*=\dfrac{c}{p\eta}$。

同理，受控主体的期望支付函数为：

$$V_2\ (\sigma_1,\ \sigma_2)\ =\eta\ (\theta\ (\ (1-p)\ x-py-z)\ +\ (1-\theta)\ \times\ (x-z))$$
$$+\ (1-\eta)\ (\theta\times0+\ (1-\theta)\ \times0)$$
$$=\eta\ (x-z-\theta p\ (x+y))$$

对上述支付函数求微分，得到受监控人最优化的一阶条件为：

$$\partial V2/\ \partial\eta =\ x-z-\theta p\ (x+y)\ =0$$

因此，$\theta^*=\dfrac{x-z}{p\ (x+y)}$。

由此，可以解出该监控博弈的混合战略纳什均衡是：$(\theta^*,\ \eta^*)\ =$ $\left(\dfrac{x-z}{p\ (x+y)},\ \dfrac{c}{pn}\right)$，即监控主体以$\dfrac{x-z}{p\ (x+y)}$的概率检查，受控主体以$\dfrac{c}{pn}$的概率选择腐败。监控主体的期望收益 $V_1\ (\sigma_1,\ \sigma_2)\ =\ (1-\eta^*)\ x$。

通过分析，可以看出这种纳什均衡与财务腐败的金额 x、惩罚 y、施行成本 z、检查所得 n、检查成本 c 以及被查处的概率 p 六个变量均相关。由于 $n=n\ (x,\ y)$，所以只需取 x、y、z、c、p 各自对于 θ^* 和 η^* 的一阶导数和弹性，如表 5 -2 所示：

表 5 - 2

	x		y		z		c		p	
	导数	弹性	导数	弹性	导数	弹性	导数	弹性	导数	弹性
θ	$\dfrac{y+z}{p(x+y)^2}$	$\dfrac{x(y+z)}{(x+y)(x-z)}$	$-\dfrac{x-z}{p(x+y)^2}$	$-\dfrac{y}{x+y}$	$-\dfrac{1}{p(x+y)}$	$\dfrac{z}{x-z}$			$-\dfrac{x-z}{p^2(x+y)}$	-1
η	$-\dfrac{c}{pn^2}\dfrac{\partial n}{\partial x}$	$-E_{n,x}$	$-\dfrac{c}{pn^2}\dfrac{\partial n}{\partial y}$	$-E_{n,y}$			$\dfrac{1}{pn}$	1	$-\dfrac{c}{p^2 n}$	-1

通过表 5 - 2 中的数据我们可以得出如下结论。

（1）腐败金额 x 越大，θ^* 越大，也就是说 x 的增加会使监控主体的检查概率变大。另外，从弹性而言，$|E_{\eta x}|<1$，即 x 的增加不会引起腐败概率的同比减少；而 $|E_{\theta x}|=\dfrac{x(y+z)}{(x+y)(x-z)}$ 的数值不能确定，但是当 z/x 的值相对较小的时候，$|E_{\theta x}|<1$，而当 z 去最大值即 $(1-p)x-py$ 时，$|E_{\theta x}|=\dfrac{1-p}{p}\times\dfrac{x}{x+y}$，即其数值取决于 p，x 和 y 三者的关系。笔者认为，基于现实情形，$|E_{\theta x}|<1$ 可以作为一个比较合理的认定。

而 η^* 与 x 的关系取决于 n 与 x 的关系。如果腐败者被查处后，其腐败金额可以尽数收回，则 x 越大，η^* 值越小。这在腐败金额相对于腐败者合法财产的比例较小或者腐败者未能成功隐匿非法所得的情况下是成立的，当然这也要取决于监控主体的查处力度。如果腐败者能够将其非法收入大肆挥霍或成功转移，则 x 的增大会引起 η^* 值的增大，赖昌星的案子就是一个典型的例子。因此，x 的变化所引起 n 的变化，进而引起 η^* 的变化，并非单调的关系。我们当然希望 x 与 η^* 是负相关的，但是这更多的要取决于监控主体的查处效率的提高。

（2）惩罚 y 的增加将减少检查的概率 θ^*，$|E_{\theta y}|$ 小于 1。而 y 与 η^* 的关系则取决于 n 与 y 的关系，一般而言，对腐败者的惩处力度加大，不仅可以在经济方面增加国库收入，而且更重要的是通过对潜在腐败者的震慑，起到净化社会风气、赢得民心的作用，所以在正常的情形下，n 与 y 是严格的正相关关系，进而 $\dfrac{\partial \eta^*}{\partial y} > 0$。当然我们也应看到 y 值是不能无限量增加的，它受到法律的、道德的和传统的因素的制约，就像极少会有人赞同枪毙所有贪污 1000 元以上的人的做法，也更不能容忍封建社会中株连九族的酷刑，虽然这样做或许可以极大地消除财务腐败的现象。另外，$E_{\eta y} = -E_{n,y}$，由于影响 n 值的因素除了 y 之外，还有腐败金额 x 以及其他未被考虑的因素，而大多数情形下，这些因素与 n 都是正相关关系，因此 y 值的增加不能引起 n 的同比例增加，所以 $|E_{\eta y}| = |E_{ny}| < 1$ 是一个合理的认定。

（3）腐败的施行成本 z 只会对 θ^* 产生影响，二者的变动是反向的关系，这或许是因为在 z 值相对于 x 不是很大的时候，z 就会被受监控人所忽略或者作为了其腐败"风险投资"的沉没成本。而 $|E_{\theta z}|$ 在 z 值较小的情形下也应该小于 1。

（4）基于与（3）同样的原因，检查成本 c 只会对 η^* 产生影响，但是其弹性 $|E_{\eta c}| = 1$。这说明降低 c 对减少财务腐败有很明显的作用。

（5）被查处的概率 p 的增加会同时减少 θ^* 和 η^*，而且 $|E_{\eta p}| = |\eta_{\theta p}| = 1$。这说明从改变腐败和检查概率的角度而言，在以上五个变量中，p 的作用是最明显的。但应当指出的是，影响 p 的因素很多，在探讨 p 的作用时，笔者认为有两个问题应注意：

首先，增加财务腐败被查处的概率需要付出成本，参与博弈的监控主体所追求的是期望收益 V_1（σ_1，σ_2）的最大化，必须在所付出的成本和减少腐败的收益二者之间进行权衡。所以虽然随 p 值的增大可以同比率地减少财务腐败的概率，但是我们不能使其趋近于1，也就自然无法完全消除社会中的财务腐败现象，毕竟我们的社会不是"乌托邦"。

其次，虽然在本文的监控博弈中，笔者假设 p 是一个基于统计的客观概率。但是，作为一个腐败分子而言，对其自身被查处的概率却会有不同的判断，甚至会在博弈中犯系统性的错误。这种现象的原因是不同的人风险厌恶指数不同，高风险厌恶的人倾向于高估 p 值，而低风险厌恶的人倾向于低估 p 值，从而后者会倾向于以更高的概率选择腐败。一般认为，高风险厌恶者多属初犯，行为较为谨慎且腐败的金额不大，而低风险厌恶者则是那些多次作案、利欲熏心且腐败金额较大的，他们也正是应该被严惩的对象。

2. 高薪养廉情况下的博弈分析

高薪养廉是反腐倡廉工作中的一个热门话题，对于高薪能否减少腐败在理论界与实务界一直存在着争论。在此，笔者将通过博弈的方式对之加以分析。在此种情形之下，博弈的战略式表述如下面的矩阵所示（表5-3）：

表5-3

		受控主体	
		腐败	不腐败
监控主体	检查	$p(n+m)-m-c$, $(1-p)(x+m)-py-z$	$x-c-m$, m
	不检查	$-m$, $x-z+m$	$x-m$, m

其中 x、y、z、n、c、p 六个因素与表 5 – 1 相同。m 是向受控主体支付的高薪，并假定一旦腐败行为被查处，监控主体将取得或收回 m。

与表 5 – 1 所示的博弈相同，该监控博弈最终的均衡也可能会出现两类情形：

当 $p(n+m) - m - c < -m$，即 $p(n+m) > c$ 时，唯一的纯战略均衡是（不检查，腐败）；当 $(1-p)(x+m) - py - z > m$，即 $(1-p)x - py - z - pm > 0$ 时，唯一的纯战略均衡是（检查，腐败）。这都是我们不希望出现的情况，但同表 5 – 1 博弈相比较，由于 m 的存在，的确减少了这两种均衡结果出现的可能性。

当 $p(n+m) > c$，且 $(1-p)(x+m) - py - z < m$ 时，该监控博弈不存在纯战略的纳什均衡，而只有通过混合战略的方式求解。

以 θ 代表监控主体检查的概率，η 代表受控主体腐败的概率，σ_1、σ_2 分别代表监控主体和受控主体的混合战略，$V_1(\sigma_1, \sigma_2)$、$V_2(\sigma_1, \sigma_2)$ 代表监控主体与受控主体的期望支付函数，运用表 5 – 1 博弈相同的计算方法，可以解出该监控博弈的混合战略纳什均衡是：$(\theta, \eta) = \left(\dfrac{x-z}{p(x+y+m)}, \dfrac{x-z}{p(n+m)}\right)$，即监控主体以 $\dfrac{x-z}{p(x+y+m)}$ 的概率检查，受控主体以 $\dfrac{x-z}{p(n+m)}$ 的概率选择腐败。可以看出，同不实行高薪养廉的情形相比，由于向受控主体支付了高薪 m，从而同时减少了检查概率和腐败概率，从这个角度来看，高薪养廉的做法抑或是可行的。

但是，我们必须认识到的是，是否实行高薪养廉的政策，监控主体从国家利益的角度考虑，主要是使其期望收益最大。此时，监控主体的期望收益 $V_1(\sigma_1, \sigma_2) = \eta^*(-m) + (1-\eta^*)(x-m)$，而不实行高薪养廉政策情况下的期望收益 $V_1\ (\sigma_1,\ \sigma_2)\ =\ (1-\eta^*)\ x\ =\ (1-\frac{c}{pn})\ x$。则 $V_1-V_1\ =\ (1-\frac{c}{pn})\ x\ -\ (\frac{c}{p\ (n+m)}\ (-m)\ +\ (1-\frac{c}{p\ (n+m)})\ (x-m))\ =\ \frac{m\ (pn\ (n+m)\ -cx)}{pn\ (n+m)}\ >\ \frac{m}{pm\ (n+m)}\ (c\ (n+m)\ -cx)\ =\ \frac{mc}{pn\ (n+m)}\ (n+m-x)$。根据前文的假定，$n>x$，进而 $V_1>\underline{V}$，即实行高薪养廉会减少监控主体的收益。

3. 监控主体从自身利益角度考虑情况下的博弈分析

在现实社会中，对受控主体的监控行为是由"公仆"——公务员所执行的，作为其老板——全国人民的代理人，监控主体可能从自身利益的角度考虑，由此产生了不同的支付函数的问题。在此种情形之下，博弈的战略式表述如下面的矩阵所示（表5-4）：

表5-4

		受控主体	
		腐败	不腐败
监控主体	检查	$p\bar{n}-\bar{c}$, $(1-p)\ x-py-z$	$-\bar{c}$, 0
	不检查	0, $x-z$	0, 0

其中，x、y、z 与表5-1相同，代表了受控主体的收益与成本。$\bar{n}$ 是监控主体查处腐败后的所得，由于在此博弈中，监控主体考虑的是个体的支付问题，因此此时的 $\bar{n}$ 与表5-1中的 n 具有完全不同的含义。监控主体作为国家公务人员，不可能从查缴所得中获得相应比例的经济收入，因此 $\bar{n}$ 更多需要从非经济的角度考虑，例如职责使命完成的成就

感、群众拥戴、职位的升迁等。同样道理，$\bar{c}$ 的含义亦与 c 完全不同，它主要包括了监控主体实施监控行为时所付出的辛劳、查处腐败过程中所面临的种种压力等。p 作为腐败行为被查处的概率，作为一个技术性的指标，虽然也会受到监控主体行为的影响，但是由于影响因素很多，不会与表 5 - 1 博弈有较大差异，因此在本文中合理假定表 5 - 1 与表 5 - 4 博弈的查处概率 p 相同。此外，为避免重复分析，在这里我们假定 $(1 - p)\ x - py - z > 0$。

基于以上前提，该监控博弈最终的均衡可能会出现两类情形：

第一种情形，当 $p\bar{n} - \bar{c} < 0$ 时，监控主体存在一个占优战略，即"不检查"，而给定其此种选择，受控主体的最优选择自然是"腐败"，由此求得该博弈的唯一的纯战略均衡是（不检查，腐败）。虽然结论与表 5 - 1 博弈相同，但是我们必须要注意的一个问题，即从国家利益角度考虑，$pn - c < 0$ 发生的可能性是很小的，而如果从监控主体自身利益的角度考虑，如果监控过程中其面临着极大的压力，或者国家对监控主体的关注度较低，必然引起 $\bar{c}$ 值很大而 $\bar{n}$ 值较小，由此造成 $p\bar{n} - \bar{c} < 0$ 可能性较大，会促使监控主体做出"不检查"的战略选择，从而诱致腐败问题的大量滋生。

第二种情形，当 $p\bar{n} - \bar{c} > 0$ 时，该监控博弈不存在纯战略的纳什均衡，而只有通过混合战略的方式求解。以 $\bar{\theta}$ 代表监控主体检查的概率，$\bar{\eta}$ 代表受控主体腐败的概率，运用表 5 - 1 博弈相同的计算方法，可以解出该监控博弈的混合战略纳什均衡是：$(\bar{\theta}^*,\ \bar{\eta}^*) = (\dfrac{x - z}{p\ (x + y)},$

$\dfrac{\bar{c}}{p\bar{n}})$，即监控主体以 $\dfrac{x - z}{p\ (x + y)}$ 的概率检查，受控主体以 $\dfrac{\bar{c}}{p\bar{n}}$ 的概率选择腐

败。与表 5 - 1 博弈均衡（$\frac{x-z}{p\ (x+y)}$，$\frac{c}{pn}$）比较，可以看出监控主体支付函数的改变并未引起其最优策略的变化，却引起了受控主体的最优策略变化。因此，要降低受控主体腐败的概率，主要应从降低 $\bar{c}$ 和增加 $\bar{n}$ 两个方面入手。

三、个人账户养老金腐败问题财务治理思路与监控组织体系建设

（一）财务治理思路

从前文三个监控博弈的分析中我们可以看出，要治理财务腐败，就要从影响博弈均衡的诸因素下手，坚持全局观，将腐败的现象降低到一个合理的程度，而不是完全消除它，也只有这样才能实现社会整体福利的最大化。

1. 完善监察与司法体系，加大反腐力度并突出重点

通过完善我国的经济监察体系、行政司法体系的建设，加大反腐力度可以提高财务腐败被查处的概率 p，从而达到大幅降低财务腐败的数量。同时，反腐应该坚持成本和效益的原则，突出监控重点，抓准监控目标，对大案要案要一抓到底，对巨贪应该严惩不怠，一方面对潜在的腐败者起到震慑的作用，增加其对 p 值的预期，遏制腐败行为；另一方面可以有效降低监控成本 c，降低腐败的概率。

2. 加大对腐败者非法收入的收缴力度

目前腐败分子隐匿非法收入的手段日渐高明，不少人抱着"一人坐牢、子孙富豪"的思想疯狂敛财，还有赖昌星、高山之流，将巨额的腐败收入转移到国外，造成国有资产的大笔流失。若容忍此类行径蔓

延，必将增加腐败分子的嚣张气焰。因此，必须加大对腐败者非法收入的收缴力度，使 x 与 n 建立严格的正相关关系，提高监控所得，抑制腐败概率的上升。

3. 合理加大对腐败分子的惩处力度

近年来在政治上对腐败分子的打击是有力的，腐败的政治代价较高，如开除党籍、判处徒刑等，但在经济上惩罚不够，不足以使腐败分子有切肤之痛，形成"不怕丢党票，只要有钞票"的思想。因此，应当进一步加大对其的惩罚力度 y，起到同时降低腐败与检查概率的目的，在提升反腐效果的同时降低反腐成本。另外，加大惩处力度的同时不能物极必反，应当尊重道德、传统的判断，不能把香港"随地吐痰罚款600"的规定随意延伸至反腐领域。

4. 强化纪检监察机关的权威，加强对纪检监察人员的保护

目前我国实行的是上级纪委、监察机关和同级党政机关双重领导的体制，事实上是由后者完全领导，其机关人员编制、业务经费、职务提升、工资福利等方面都由同级党委政府管理，尤其在监控、立案、查处案件等方面更是受同级党政一把手的制约与影响，出现"不能监控、不好监控、不敢监控"的失监现象，甚至受到各种各样的打击报复。我们不能企求每个监控人员都全心全意为人民服务、毫不利己、专门利人，因此，在实践工作要加强对纪检监察人员的保护，提升其社会地位，降低其监控成本 $\bar{c}$ 并提高其监控所得 $\bar{n}$，最终降低腐败的概率、净化社会风气。

5. 摈弃高薪养廉的错误思想

通过表5-3博弈的分析，我们可以得出结论，提高受控主体的薪

酬，虽然可以降低检查和腐败的概率，但是，从成本收益的角度来看确实得不偿失，最终增大社会的总成本，我们不能"为了提高企业效益而使 10 万职工下岗，而最终以招聘 20 万警察为代价来维持社会秩序"。

（二）以财务监控为核心的组织体系建设

加强个人账户养老金的腐败治理工作，需要构建科学、完善、切合中国国情的监控体系。该体系中，不仅包括立法监控、行政监控，还要包括财务监控和群众媒体监控等其他监控形式，其中立法监控是基础，财务监控是核心，行政监控及其他监控是补充。

1. 人民代表大会立法监控

个人账户养老金从产权角度看，应该属于所有的参保人，但随着养老金覆盖面的扩大，必将涵盖绝大多数的大陆居民，从而采用国家所有的形式。作为国有资本的终极所有者，全国人民应该加强对国有资产的监控，而在现行的国体和政体之下，这种监控的主体是全国人民代表大会，因为它是民意的代表机构和国家的最高权力机关。

个人账户养老金监控法制化，既是市场经济内在要求，也是个人账户养老金在市场经济体制下监控方式的必然选择。笔者认为，个人账户养老金监控法制化至少有三个方面的内涵：一是监控要涵盖个人账户养老金的筹资、投资与分配的各个阶段，构成比较完善的法律监控体系，实现有法可依；二是构筑比较完善的法律监控体制，各个监控环节和监控主体之间既分工明确，又密切配合，能够及时发现和处理个人账户养老金运行中的腐败行为；三是崇尚法律监控，树立有法必依、执法必严的理念，以法律为监控的最高准则，严格依法办事。

人民代表大会的当务之急是尽快出台《社会保障法》，其中对个人账户养老金的主要方面应该做出规定，包括个人账户养老金的性质、设置个人账户养老金的目的、个人账户养老金的管理主体和管理方式、管理主体机构设置与职能划分、筹资的模式与方式、投资的对象与比例限制、个人账户养老金的监控体制、个人账户养老金管理与运营主体的法律责任等。此外，根据中国国情和借鉴国外先进经验，人民代表大会也可采取一系列行之有效的监督手段，如成立专门机构通过听证会、代表视察、举报调查、质询等方式，监控各级政府、国资委及个人账户养老金运营机构执行社会保障法律的情况。

2. 以国资委为领导的财务监控

个人账户养老金具有财务属性，属于国家财务本金的范畴。其规模巨大，且需要投资运营取得收益。对个人账户养老金的监控应该以财务监控这种动态监控的方式为主体。由于其管理主体是国资委，因此在具体操作中，应该以国资委为领导，采取国家财务监控与企业财务监控相结合的方式。

（1）国家财务监控

国家财务监控是一种宏观财务监控行为，它体现了个人账户养老金的筹资、投资与收益活动及其形成的财务关系。根据前文所谈的个人账户养老金的管理与运营的目标模式，国家财务监控主要是国家以资本所有者的身份，在个人账户养老金运营主体（包括受托的基金公司与国有资产投资公司）这一层次，以其对个人账户养老金的运营为监控对象，监控其保值增值、防止腐败、实现收益。

其主要内容包括：一是个人账户养老金的安全。国资委作为个人账户养老金的产权代表，其委托运营主体投资运营的最基本目的是要保证初始投入的资本的完整性，防止运营主体基于信息不对称所产生的逆向选择与道德风险，导致各种资金的显性与隐性损失。二是个人账户养老金的保值。这是个人账户养老金运营的较高一级目标，因为受托基金公司和投资公司在运营个人账户养老金的过程中，必然产生资产的耗费，作为资本经营的本性，这部分耗费要求从运营收入中得到补偿，保证所有者投入资本的全额收回。相应产生监控代理者人为虚减或少计成本费用，虚盈实亏、行为短期化的问题。三是个人账户养老金的增值。这是个人账户养老金运营的最高目标。国资委委托代理者运营的最终目的是实现养老金的增值，运营主体应该忠实履行委托代理合约，发挥主观能动性，力争在既定的风险之下以最少的投入取得最大的产出。为此必须应该委托代理合约的法律关系，避免代理者片面追求自身利益而漠视国家利益，保持个人账户养老金的高效运营。

（2）企业财务监控

在运营主体内部，现行的内部监控机制包括监事会制度和财务总监制度，他们构成了公司治理结构中的一个重要层面，缓解了信息不对称问题，有利于加强运营主体的内部监控，弥补外部监控的不足。

其中，监事会制度是国资委以委托者的身份凭借其影响力或控股权，通过股东大会设立监事会的一种管理制度。监事会的职责主要包括检查公司的财务；对董事、经理执行公司职务时违反法律、法规或者公司章程的行为进行监督；当董事和经理的行为损害公司的利益时，要求董事和经理予以纠正；提议召开临时股东大会；公司章程规定的其他职权。监事列席董事会会议。在具体操作过程中，主要应注意以下几个问题。一是强化职权。我国公司监事会长期以来一直设在股东大会之下，与董事会平级。但笔者认为，监事会受股东大会委托，代表全体股东对董事会和管理层行使监督权，层次相对较高，应该根据需要适当增加一些职权，如扩大监事会检查公司财务的权力，赋予监事会通知纠正权、处理处罚权、股东大会特别召集权以及建议任免和奖惩董事权等。二是设立独立监事。为了监事会能够实行有效的监督，独立监事在监事会的比例应占半数以上。为了独立性和公正性，独立监事不能与董事、经理有任何"关系"，其人格、利益、独立性以及工作时间要有保证。三是监事会成员的知识结构要有制度保障。尤其是独立监事，必须十分熟悉公司及其所在行业的复杂性，具备相应的金融、财务、工程、法律和计算机知识，具备与公司核心产业相关的足够的专业知识和技能，从而彻底改变那些将一些没有相关知识背景的人"推上"监事会主席的现象。四是将内审纳入监事会管理，把监事会办公室设在内审部门。监事会地位的高层次性，有利于监督、指导内审工作的深入开展，内审作为监事会的常设机构，为监事会履行职责提供了必要的人力，改变了过去监事会想监事而力量不足的矛盾，同时监事会与内审的分工也将更趋合理，能使内审成果得以充分利用，成为监事会参与公司高层决策的重要依据。

财务总监制度是国资委以所有者代表身份凭借对所属投资公司的决定控制，向其直接派出财务总监的一种管理制度。财务总监通过适时参加投资公司个人账户养老金财务投资战略的制订与实施，实现对国有资产的监控。在制度运行与监控操作中应注意以下几个问题。一是财务总监的独立性。相对于被监控的运营主体的经营者而言，财务总监必须有相对的独立性，只向其委派者即国资委负责，人事关系上隶属于委派机构，其任免、考核、工资、奖励等由委派机构承担，不得兼任被监控企业的其他领导职位。二是财务总监的资格要求。财务总监应该具有较高的政治素质和职业道德水平，具有深厚的财务、审计等专业知识，熟悉各种政策法规，拥有丰富的经济管理和经济监控经验。三是监督的内容。财务总监具有董事会成员的身份，需要而且能够对公司实施全过程的经济监控，包括了监控个人账户养老金的投资运营、审查会计报表、对重大财务收支和经营活动实行与总经理联签制、对公司具体财务活动进行专业专职监控。

3. 以国家审计为主的行政监控

行政监控是国民经济监控体系的重要组成部分，包括了财政监控、税务监控、国家审计监控等，对于个人账户养老金而言，最为重要的是国家审计监控。

现行的审计体系包括国家审计、内部审计和民间审计三个类别，其中内部审计的独立性相对较弱，而民间审计囿于有偿性、无强制性，其二者在监控个人账户养老金筹资、投资、分配过程中效果不尽理想。而国家审计由于宪法赋予其的法律地位，独立性较强，并具有行政处罚的能力，因而在个人账户养老金的审计监控中处于主体地位。在具体操作中，应该注意以下问题：一是加强审计力度，保证个人账户养老金的安全性。养老金审计首先要以控制预防监控管理为主，积极参与资金管理，对违反财经法纪的行为所进行的经济监控。通过审计，监控个人账户养老金有关政策、法规制度的执行，推动建立一个公开、透明、规范、具有中国特色的养老保险制度。二是增加效益审计比重。效益审计是更高层次的审计目标，是审计工作的发展方向。我国养老金审计应在深化资金财务收支审计的基础上，积极探索效益审计的途径，揭露养老金制度的缺陷，检查政策的效应及完善程度，评价资金的使用效益，促进养老保险制度健康、有效地运转。三是改进审计的技术与方法。在当今网络时代，加大计算机技术应用，提高养老金审计效率和质量。随着社保业务数据电子化、信息化的进展和审计手段技术的进步，计算机审计系统越来越成熟，有条件的审计机关已经可以克服海量数据的障碍，在过去单机运行的计算机辅助审计基础上实现与国资委、社保、财政等部门构建实时互通的联网审计。

4. 其他监控形式

其他监督主要包括群众监督和新闻媒体监督。其中，群众监督是建立健全经济与社会民主的一个重要方面，在我国群众监督有深厚的制度基础。俗话说，世上没有不透风的墙，司法机关查处的贪污腐败案，很多都源自群众举报。养老保险制度本身就是一个造福民众的工程，随着养老金覆盖范围的扩展，全体国民必将成为个人账户养老金的终极所有者。因此，就全社会而言，每个公民都应该充分享受法定的权利，向各级政府和有关监管部门举报养老金管理、运营过程中违法乱纪的问题，提供有利于养老保险制度运行的积极而有利的建议。另外，在信息和网络的时代，新闻传媒的信息量大，影响力强，时效性快，新闻媒体监督要真正成为党和人民的喉舌，充分发挥舆论引导、价值导向、道德调整和文化建设的功能，针砭时弊，弘扬正气，加强对个人账户养老金监管与运营中出现的热点问题进行正确的引导和监督，推进养老保险制度的改革，实现我国个人账户养老金的长期可持续发展。

参考文献

1. 郭复初领著：《财务通论》，上海：立信出版社 1997 年版。

2. 郭复初领著：《财务专论》，上海：立信出版社 1998 年版。

3. 郭复初领著：《财务新论》，上海：立信出版社 2000 年版。

4. 郭复初：《财务管理》，北京：首都经贸大学出版社 2003 年版。

5. 郭复初领著：《经济体制改革中的财务问题》，成都：西南财经大学出版社 2001 年版。

6. 郑秉文、孙永勇：《对中国城镇职工基本养老保险现状的反思——半数省份收不抵支的本质、成因与对策》，《上海大学学报》，2012 年第 3 期。

7. 熊军：《从积极投资的角度认识养老基金投资管理》，www. ssf. gov. cn（全国社保基金理事会网站），2012 第 6 期。

8. 宋晓梧：《中国社会保障体制改革与发展报告》，北京：中国人民大学出版社 2001 年版。

9. 魏加宁：《养老保险与金融市场》，北京：中国金融出版社 2002 年版。

10. 郑功成：《中国社会保障制度变迁与评估》，北京：中国人民大学出版社 2002 年版。

11. ［美］埃斯平 - 安德森著：《福利资本主义的三个世界》，北京：法律出版社 2004 年版。

12. 李连友：《社会保险基金运行论》，成都：西南财经大学出版社 2000 年版。

13. 闫炘、喻大学：《社会保障基金与证券投资基金》，上海：复旦大学出版社 2002 年版。

14. 耿志民：《养老保险基金与资本市场》，北京：经济管理出版社 2000 年版。

15. 胡晓义、施明才：《社会保险基金管理与监督》，北京：中国劳动社会保障出版社 2000 年版。

16. 朱青：《养老金制度的经济分析与运作分析》，北京：中国人民大学出版社 2003 年版。

17. 林义：《养老保险改革的理论与政策》，成都：西南财经大学出版社 1995 年版。

18. 向显湖、彭韶兵、江涛：《企业业绩评价研究》，成都：西南财经大学出版社 2006 年版。

19. 成思危：《中国社会保障体系的改革与完善》，北京：民主与建设出版社 2000 年版。

20. 宋晓梧等：《中国社会保障基金营运管理》，北京：企业管理出版社 1999 年版。

21. 伊志宏：《养老金改革模式选择及其金融影响》，北京：中国财政经济出版社 2000 年版。

22. ［美］科林．吉列恩著：《全球养老保障——改革与发展》，北京：中国劳动社会保障出版社 2002 年版。

23. ［美］爱德华多·瓦尔克：养老金改革与资本市场发展，北京，WTO 与中国证券市场国际研讨会，2000 年。

24. 张维迎：《博弈论与信息经济学》，上海：上海三联书店 1996 年版。

25. 丁开杰：《社会保障制度改革》，北京：社会科学文献出版社 2004 年版。

26. 劳动部社保所：《中国养老保险基金测算与管理》，北京：劳动和社会保障出版社 2000 年版。

27. ［美］马斯格雷夫：《比较财政分析》，上海：上海人民出版社 1996 年版。

28. 陈共：《财政学》，北京：人民大学出版社 2000 年版。

29. ［德］哈贝马斯著、曹卫东等译：《公共领域的结构转型》，北京：学林出版社 1999 年版。

30. ［美］罗默：《高级宏观经济学》，北京：商务印书馆 1999 年版。

31. 李珍：《社会保障理论》，北京：中国劳动社会保障出版社 2001 年版。

32. 张勇：《中国个人账户养老金制度的协调机制研究》，《南方经济》，2008 年第 1 期。

33. 张勇：《中国个人账户的支付能力研究》，《数量经济技术经济研究》，2007 年第 7 期。

34. 郑春荣：《基于可持续性的养老保险个人账户目标模式》，《财经研究》，2008 年第 2 期。

35. 贾康：《关于中国养老金隐性债务的研究》，《财贸经济》，2007年第 9 期。

36. 迟铖：《养老保险筹资方式：开征社会保障税》，《中国乡镇企业会计》，2007 年第 9 期。

37. 刘绵勇：《完善基本养老保险制度的构想》，《求实》，2007 年第 6 期。

38. 李湛：《养老保险基金与资本市场的互动关系的理论和实证研究》，《金融与经济》，2007 年第 5 期。

39. 唐运舒：《"做实做小"个人账户对个人养老金水平的影响》，《统计研究》，2007 年第 5 期。

40. 毕小龙：《社会养老保险财务机制的分析与选择》，《财会通讯》（学术版），2007 年第 1 期。

41. 周志凯：《智利、新加坡、瑞典养老保险个人账户管理模式比较》，《财政研究》，2006 年第 11 期。

42. 吕文广：《养老保险隐形债务问题探析》，《财会研究》，2006年第 8 期。

43. 孙静：《多支柱养老社会保障的责任分担机制研究》，《财政研究》，2005 年第 7 期。

44. 边恕：《对我国养老金名义个人账户制及其财务可持续性的分析》，《经济与管理研究》，2005 年第 5 期。

45. 仵志浩：《养老保险个人账户基金收支失衡的成因及对策》，《经济论坛》，2005 年第 16 期。

46. 段家喜：《论养老保险个人账户的缺口及其对策》，《人口与经济》，2005 年第 4 期。

47. 张新梅：《国际上养老保险个人账户制度改革的启示》，《宏观经济管理》，2005 年第 8 期。

48. 赵志伟：《也谈做实养老保险个人账户》，《经济论坛》，2005 年第 12 期。

49. 罗良清：《个人账户中养老金给付精算分析》，《统计与决策》，2005 年第 10 期。

50. 高建伟：《社会养老保险中个人账户养老金给付标准精算模型及模拟分析》，《南方金融》，2005 年第 3 期。

51. 贾洪波：《基本养老金替代率优化分析》，《中国人口科学》，2005 年第 1 期。

52. 王远佳：《完善企业职工基本养老保险个人账户金保值增值办法》，《中国劳动》，2004 年第 11 期。

53. 于瑾：《我国个人账户养老保险基金的资产配置》，《中国金融》，2004 年第 19 期。

54. 吴君槐：《谈养老保险个人账户的实账化》，《商业时代》，2004 年第 21 期。

55. 田仲来：《个人账户"实账化"：我国养老保险制度改革的困境与现实路径选择》，《北方经济》，2004 年第 1 期。

56. 张畅玲：《基本养老保险个人账户能否应对老龄化》，《中国人口科学》，2003 年第 2 期。

57. 王虹霞：《我国养老金与资本市场间互动关系的几点看法》，《四川会计》，2003 年第 2 期。

58. 赵小仕：《现行个人账户制度低效率的经济学思考》，《人口与经济》，2003 年第 1 期。

59. 郑秉文：《"名义账户"制：我国养老保障制度的一个理性选择》，《管理世界》，2003 年第 8 期。

60. 郑秉文：《围绕美国社会保障"私有化"的争论》，《国际经济评论》，2003 年第 1 期。

61. 刘玲玲：《中国养老保险制度"统账结合"模式解析》，《财经科学》，2003 年第 S1 期。

62. 谢春玲：《养老金改革对国有企业改革的影响及成因分析》，《学术交流》，2002 年第 6 期。

63. 朱惠丽：《我国社会养老保障替代率讨论》，《人口与经济》，2002 年第 4 期。

64. 陈工：《解决养老保险转轨成本实现个人账户"实账"运行》，《当代财经》，2002 年第 10 期。

65. 李再学：《养老保险个人账户的计息问题》，《中国社会保障》，2001 年第 10 期。

66. 卢纯佶：《做实基本养老保险个人账户的思考》，《中国社会保障》，2001 年第 3 期。

67. 陈卫民：《我国"统账结合"型养老保险制度中的矛盾分析》，《南开学报》（哲学社会科学版），2000 年第 3 期。

68. 伍孟林：《解决养老金历史欠账的新思路（一）》，《中国审计》，1999 年第 6 期。

69. 伍孟林：《解决养老金历史欠账的新思路（二）》，《中国审计》，1999 年第 7 期。

70. 朱芳烈：《关于源头治理腐败的几点思考》，《吉林大学学报》，2001 年第 2 期。

71. 孙昀：《社保基金入市的风险防范》，《中国财政》，2006 年第 10 期。

72. 董秀薇：《社会保险基金筹集与管理模式的研究》，《涉外税务》，2007 年第 8 期。

73. 巴曙松：《社保基金监管的现状、问题与建议》，《金融管理与研究》，2007 年第 7 期。

74. 郑秉文：《社保基金违规的制度分析与改革思路》，《中国人口科学》，2007 年第 4 期。

75. 吴敬琏：《社保基金案频发与体制问题有关》，《党政干部文摘》，2007 年第 1 期。

76. 杜霞：《探讨我国的社保基金的监管及运营》，《财经界》（下旬刊），2007 年第 5 期。

77. 郭复初、江涛：《当前国有资产监管中几个亟待解决的新问题》，《国有资产管理》，2007 年第 3 期。

78. 郭复初、江涛：《转变国有经济发展方式、实现国有资产保值增值》，《国有资产管理》，2008 年第 2 期。

79. 郝智慧：《国外社会保险基金管理模式比较分析及经验借鉴》，

《中国校外教育》（理论），2007 年第 6 期。

80. 李映辉：《我国社会保障基金投资绩效的会计控制》，《西部财会》，2007 年第 5 期。

81. 孙昀：《社保基金入市的风险防范》，《中国财政》，2006 年第 10 期。

82. 邱健君：《当前社会保障存在的问题及其对策》，《就业与保障》，2006 年第 5 期。

83. 王博：《我国社会保障基金监管中的问题及对策思考》，《运城学院学报》，2007 年第 3 期。

84. 刘双霞：《社会保障基金运行方式的国际比较以及对我国的借鉴》，《现代商业》，2007 年第 16 期。

85. 郑志良：《社会保险基金管理应遵循的原则》，《审计月刊》，2007 年第 5 期。

86. 袁志刚，《中国养老保险体系选择的经济学分析》，《经济研究》，2001 年第 5 期。

87. 易艳玲：《全国社保基金投资管理的思考》，《商场现代化》，2007 年第 21 期。

88. 南顺姬：《关于对社保制度进行改革的几点建议》，《吉林人大工作》，2007 年第 7 期。

89. 林永春：《社保基金管理现状的分析》，《经济研究参考》，2007 年第 36 期。

90. Jensen, Meckling. The Theory of Firm: Managerial Behavior, Agency Cost and Ownership Structure [J]. Journal of Financial Economics,

1976，(3)．

91. Shleifer, Andrei and Robert Vishny. A survey of corporate governance, Journal of Finance 52, 1997, pp. 737 – 783.

92. Gompers, Paul A. , Joy L. Ishi, and Andrew Metrick. Corporate governance and equity prices, The Quarterly Journal of Economics 118, 2003, pp. 107 – 155.

93. Ambachtsheer keith, Capelle Ronald, Scheibelhut Tom. Improving Pension Fund Performance . Financial Analysts Journal , 1998 (54) .

94. Barro Robert J. "Are government bonds net wealth?" Journal of Political Economy, 1974.

95. Goldberger, A.. "Dependency rates and savings rates: Comment," American Economic Review, 1973.

96. Boskin, Michael J. "Theoretical and empirical issues in the measurement, evaluation, and interpretation of postwar U. S. saving," in Saving and Capital Formation, ed. F. Gerard Adams and Susan M. Wachter . Lexington, Mass: Lexington Books, 1986, pp. 11 – 44.

97. Davis E. Philip, Pension Funds, Retirement, Income Security and Capital Markets—A International Perspective, Clarendon Press, Oxford, 1995.

98. Holzmann, Robert, Pension Reform, Financial Market Development, and Economic Growth: Norman Loayza, Humberto Lopez, Klaus Schmidt – Hebbel and LuisServen1, "The World Saving Data Base" January, 1998.

99. Preliminary Evidence from Chile, IMF Staff Papers, Vol. 44, No. 2, 1997, pp. 149 – 179.

100. – cycle model and its application to population growth and aggregate saving," East – West population institute working papers 4 (January) 1981.

101. Modigliani. F. & Ando A. , "The life Cycle Hypothesis of saving: Aggregated Implication and Tests", American Economic Review, 53 (March), 1963, pp. 55 – 84.

102. Paul M. Romer, "Increasing Returns and long – Run Growth", JPE (94), 1986, pp. 1002 – 1037.

103. Skinner J. , "Risky Income, Life Cycle Consumption, and Precautionary Saving", Journal of Monetary Economic, 22 (1988, September), 1988, pp. 237 – 255.

104. Solow, R. M. , "A Contribution to the Theory of Economic Growth." Quarterly Journal of Economics, 1956, 70 (1): 65 – 94.

105. Tennant Joan Lamm. Asset/Liability Management for the Life Insure: Situation Analysis and Strategy Formulation. The Journal of Risk and Insurance, 1989 (56).

106. World Bank, "World Development Report 1984", New York: Oxford University Press, 1984.

107. World Bank, "World tables" (The Third Edition), Baltimore: Johns Hopkins University Press , 1984.

108. World Bank, "Financial Systems and Development", New York: Oxford University Press, 1989.

109. World Bank, "Averting the Old Age Crisis: Policies to Protect the Old and Promote Growth", New York: Oxford University Press, 1994.

110. World Bank, China 2020: Old Age Security and Pension Reform in China, Washington DC: World Bank, 1997.

111. Rofman R. , H. Bertin. Lessons From Pension Reform: The Argentine Case. EDI Conference Volume , 1997.

112. World Bank, World Development Indicators 2004. New York: World Bank, 2004.

113. Feldstein M, "Do Private Pensions Increase National Savings?", Journal of Public Economics, 1978, 10 (3): 277 -93.

114. James E. Pension Reform in Latin America: Is There an Efficiency – Equity Trade – off. IDB Conference Volume , 1997.

115. Zvi Bodie, "Pensions as Retirement Insurance", Journal of Economic Literature, 1990, 28 (1): 28 –49.

116. Stephen A. Woodbury, Employee Benefits and Tax Reform, The Employee Benefit Research Institute Policy Forum on "Comprehensive Tax Reform: Implications FOR Economic Security and Employee Benefits" Washington, D. C, April 30, 1996.

117. Zvi Bodie, "Pension Funds and Financial Innovation", Financial Management, Autumn, 1990.

118. World Bank, Czech Republic: Capital Market Review, Washington D. C. : World Bank, 1999.

后　记

　　柏拉图感谢上苍，使他诞生在苏格拉底的时代。我也要感谢上苍，使我出生在孕育希望的时代；更要感谢它，使我有缘于我的两位恩师：郭复初先生和向显湖先生。今天的专著、今天的我皆是他们潜移默化的结果，严谨的学术精神、豁达的人格魅力更是他们赋予我今生最宝贵的财富。

　　本书在笔者博士论文基础上修改而成，从论文到专著修订中，养老金实践在快速发展。曾记得，我曾屡次动笔，又数次搁笔；我也曾不止一次地将写就的书稿像树叶般丢给清风去玩味；我甚至终日觉得执笔的手日渐无力；我追寻着自己的目标，却力不从心；偶或间，停杯投箸不能食，拔剑四顾心茫然；忽而后，山重水复疑无路，柳暗花明又一村；推敲中，体会到贾岛"鸟宿池边树，僧推月下门"的快感；写完后，倍感到李白"谁能书阁下，白首太玄经"的艰辛。写作过程中，我目睹了自己专著的启始、扩充、成熟与完成。

　　本书确立了某些效应、某些结论，并且看到了符合这些效应与结论的某些特殊情况。应该说，这些效应和结论并非我的偏见，而是在恩师

190

的指导下经过数年的心血从各种研究中精心思考、提炼、深化而成。本书的主要结论有以下几个方面：

1. 我国的基本养老金具有财政和财务二重属性，应当实行分流管理。其中社会统筹部分具有财政属性，实行现收现付制，其管理主体是劳动和社会保障部、财政部，而个人账户部分具有财务属性，实行完全累积制，其管理主体是国有资产监督管理委员会。

2. 个人账户养老金属于本金的范畴，属于国家财务本金的范畴，其具有增值的需要。在具体实践中，应当合理确认隐性债务的债务人、做实个人账户的基础上，变名义账户为实账户，积极投资运营，实现保值增值，以进一步提高退休人员的生活水平。

3. 个人账户养老金的投资方向包括资本市场和国有企业两个方面。通过科学合理的投资组合，形成二者的合理投资比例。在投资资本市场的过程中，实现个人账户养老金与资本市场的良性互动；在投资国有企业的过程中，通过进入与退出机制的合理构建，实现个人账户养老金与国有经济的双赢。

作者希望本书能够起到抛砖引玉的作用，为个人账户养老金的研究提供一个思路，让更多的人从各个方面深入研究中国养老保险制度中的诸多问题，提出切实可行的办法，从而促进我国社会保障事业的健康稳步发展。但由于本人理论水平有限，论文中还存在着诸多不足，其中一些观点可能有待商榷，论证也不够充分，有待进一步探讨。这主要包括以下几个方面：

1. 本书还主要是以理论性的规范研究为主。相较于国外在养老金问题上的实证研究而言，国内限于数据的缺乏，目前还很难进行相关的研究。当然，相信随着养老保险制度的逐步完善、个人账户的逐步做实，可供作实证研究的数据会相应增加，完全可以在这方面作出关于中国情况的实证分析。

2. 本书提出的一些观点，如基本养老金的本金与基金的分流运营与综合管理、个人账户养老金的投资运营等问题，大多限于理论的推演，在这方面只是提出了政策性的建议。而在现实中是否行得通，这需要最终的实践检验，也需要进一步的理论探讨。

3. 养老保险制度是一个系统性的工程，其运行与变迁会牵涉到方方面面的利益，因此对其研究不能仅仅限于一个学科的理论。本书主要是从财务的视角对这一宏大的问题作出浅显的研究，而对于其他方面，如社会学、政治学、财政学、人口学等，限于作者能力和论文写作的要求，未作出相应的研究，这都需要今后进一步加以解决。